Volker Drosse

Kostenrechnung

INTENSIVTRAINING

Der günstige Preis dieses Buches wurde durch großzügige Unterstützung der

MLP Finanzdienstleistungen AG Heidelberg

ermöglicht, die sich seit vielen Jahren als Partner der Studierenden der Wirtschaftswissenschaften versteht.

Als führender unabhängiger Anbieter von Finanzdienstleistungen für akademische Berufsgruppen fühlt sich MLP Studierenden besonders verbunden. Deshalb ist es MLP ein Anliegen, Studenten mit dem Ⓟ **MLP** REPETITORIUM Informationen zur Verfügung zu stellen, die ihnen für Studium und Examen großen Nutzen bieten, der sich schnell in Erfolg umsetzen läßt.

Volker Drosse

Kostenrechnung

INTENSIVTRAINING

REPETITORIUM WIRTSCHAFTSWISSENSCHAFTEN
HERAUSGEBER: VOLKER DROSSE | ULRICH VOSSEBEIN

DR. VOLKER DROSSE ist als freier Trainer für Betriebswirtschaftslehre

und Unternehmensberater mittelständischer Unternehmen tätig.

Die Deutsche Bibliothek – CIP-Einheitsaufnahme

Drosse, Volker:
Kostenrechnung-Intensivtraining / Volker Drosse. – Wiesbaden: Gabler, 1998
(MLP-Repetitorium) (Repetitorium Wirtschaftswissenschaften)
ISBN 3-409-12616-3

Der Gabler Verlag ist ein Unternehmen der Bertelsmann Fachinformation GmbH.
http://www.gabler-online.de

Höchste inhaltliche und technische Qualität unserer Produkte ist unser Ziel. Bei der Produktion und Auslieferung unserer Bücher wollen wir die Umwelt schonen: Dieses Buch ist auf säurefreiem und chlorfrei gebleichtem Papier gedruckt.

Lektorat Jutta Hauser-Fahr
Umschlagkonzeption independent, München
Druck und Buchbinden Lengericher Handelsdruckerei, Lengerich/Westf.

Printed in Germany
ISBN 3-409-12616-3

Vorwort zum Repetitorium Wirtschaftswissenschaften

Das Repetitorium Wirtschaftswissenschaften richtet sich an Dozenten und Studenten der Wirtschaftswissenschaften, des Wirtschaftsingenieurwesens und anderer Studiengänge mit wirtschaftswissenschaftlichen Inhalten an Universitäten, Fachhochschulen und Akademien. Es ist gleichermaßen zum Selbststudium für Praktiker geeignet, die auf der Suche nach einem fundierten theoretischen Hintergrund für ihre Entscheidungen in den Unternehmen sind.

In allen Bänden des Repetitoriums wird besonderer Wert auf Beispiele, Übersichten und Übungsaufgaben gelegt, die die Erarbeitung des jeweiligen Lernstoffs erleichtern und das Gelernte festigen sollen. Zur Sicherung des Lernerfolgs dienen auch die zahlreichen Tips zur Lösung der Aufgaben, die vor einem Vergleich der eigenen Lösung mit der Musterlösung eingesehen werden sollten. Sie enthalten einerseits die Resultate der Musterlösungen und zum anderen Hinweise zum Lösungsweg.

Für Anregungen, die der weiteren inhaltlichen und didaktischen Verbesserung des Repetitoriums dienen, sind wir dankbar.

Die Herausgeber

Volker Drosse   *Ulrich Vossebein*

Inhaltsverzeichnis

1. Einleitung

Die grundsätzliche Aufgabe der Kosten- und Leistungsrechnung (KLR) in den Unternehmen besteht darin, an sich intransparente Situationen zu erhellen. Während beispielsweise ein zunächst ohne weitere Mitarbeiter am Markt agierender Existenzgründer vielleicht noch berechtigt „ein sicheres Gefühl" dafür hat, welchen Mindestpreis er für sein Produkt vom Kunden verlangen muß und ob sich seine selbständige Tätigkeit lohnt, so geht ihm dieses Gespür sicherlich irgendwann mit dem größer werdenden Unternehmen verloren.

Die Problematik der Rechengrößen der KLR - Kosten und Leistungen - liegt in ihrer zwangsläufigen Vagheit, so entzieht sich z. B. die zur Mindestpreisfestlegung erforderliche Bestimmung der entstandenen oder noch entstehenden Werteverzehre zumeist der Möglichkeit einer objektiven und generellen Ermittlung. Sie ist häufig Resultat subjektiver Einschätzung durch welche auch die spezifische, unternehmensindividuelle Situation zum Ausdruck gebracht wird.

Zudem folgt aus der jahrelangen betrieblichen Anwendung eines bestimmten Kostenrechnungssystems so etwas wie eine „eigene Wahrheit" in der inhaltlichen Besetzung des Kostenbegriffs. Diese führt häufig zu auftretenden Verwirrungen beim jungen Ökonomen, der - erstmals mit der sogenannten „Praxis" konfrontiert - eine für ihn bislang ungewohnte Begriffshärte verspürt. Schließlich resultiert aus der in bestimmten Entscheidungssituationen (z. B. im Rahmen der Überlegungen zu einer Betriebsschließung) erforderlichen Abweichung vom bislang im Unternehmen geltenden Inhalt des Kostenbegriffs eine Verstärkung des Mißtrauens gegenüber allem „Kaufmännischen" bei Nicht-Ökonomen, insbesondere bei naturwissenschaftlich geprägten Mitarbeitern.

Zielsetzung des vorliegenden Bandes ist daher neben der möglichst effizienten Prüfungsvorbereitung auch das Schaffen einer gewissen Vertrautheit im Umgang mit dem notwendigerweise unscharfen Kostenbegriff.

2. Grundlagen der Kosten- und Leistungsrechnung

2.1 Abgrenzung der Grundbegriffe

In den unterschiedlichen Rechnungssystemen der Unternehmen werden vor dem Hintergrund der damit jeweils verfolgten Ziele (siehe auch Kapitel 2.2) differierende Begriffe verwandt, welche umgangssprachlich häufig bedeutungsgleich angewendet werden. Dabei repräsentieren die sich jeweils auf einen Zeitraum (Jahr, Monat etc.) beziehenden Stromgrößen

- Aus- und Einzahlungen,
- Ausgaben und Einnahmen,
- Aufwand und Ertrag,
- Kosten und Leistungen,

einerseits liquiditätsbeeinflussende, andererseits erfolgsbeeinflussende Geschäftsvorfälle und damit zwar sachlich verwandte, aber eben keine identischen Vorgänge.

2.1.1 Auszahlungen und Einzahlungen

Jeder Geschäftsvorfall, der zu einer Veränderung des Bestandes an Zahlungsmitteln des Unternehmens führt, stellt entweder eine Auszahlung (negative Veränderung) oder eine Einzahlung (positive Veränderung) dar. Der Zahlungsmittelbestand resultiert aus der Addition aller flüssigen Mittel als sofort verfügbare Barbestände des Unternehmens (Kassenbestand und Sichtguthaben bei Kreditinstituten).

Beispiel 2.1: Auszahlungen und Einzahlungen

Zum Jahresanfang verfügte Winzer Haupt über einen Zahlungsmittelbestand von DM 7.000 (Kassenbestand = DM 2.500 und Guthaben auf dem Geschäftsgirokonto = DM 4.500). Bis Ende des Jahres ereigneten sich folgende Geschäftsvorfälle:

1. Barkauf von Reben für DM 1.000.
2. Begleichung einer Rechnung durch Banküberweisung in Höhe von DM 2.500.
3. Kundeneinzahlungen in Höhe von DM 6.000 (teilweise Bareinzahlungen, teilweise durch Überweisung auf das Geschäftsgirokonto).

Die Einzahlungen in Höhe von DM 6.000 und die Auszahlungen in Höhe von DM 3.500 führen zu einer Veränderung des Zahlungsmittelbestandes in Höhe von DM 2.500. Damit beläuft sich der Bestand an flüssigen Mitteln auf DM 9.500 zum Jahresende.

2.1.2 Ausgaben und Einnahmen

Jeder Geschäftsvorfall, der zu einer Veränderung des Geldvermögens führt, stellt entweder eine Ausgabe (negative Veränderung) oder eine Einnahme (positive Veränderung) dar. Das Geldvermögen als Bestandsgröße ergibt sich aus der Addition des Zahlungsmittelbestands und der Forderungen, abzüglich der Verbindlichkeiten des Unternehmens.

Einzahlungen können, müssen jedoch folglich nicht zugleich Einnahmen sein und umgekehrt. Dies gilt analog für die Beziehung von Auszahlungen und Ausgaben (vgl. Abbildung 2.1).

Auszahlung, aber keine Ausgabe	Auszahlung, zugleich Ausgabe	
	Ausgabe, zugleich Auszahlung	Ausgabe, aber keine Auszahlung

Abbildung 2.1: Auszahlungen und Ausgaben

Beispiel 2.2: Abgrenzung von Auszahlungen und Ausgaben

Auszahlung, aber keine Ausgabe: Begleichung einer Verbindlichkeit (Kaufmann bezahlt eine offene Lieferantenrechnung);
Auszahlung, zugleich Ausgabe: Barkauf;
Ausgabe, aber keine Auszahlung: Kauf auf Ziel (Kaufmann erhält die Ware und hat bis zur Rechnungsbegleichung 4 Wochen Zeit).

Beide bislang vorgestellten Begriffspaare stellen Größen für die Planung und Kontrolle der Zahlungsfähigkeit (Liquidität) eines Unternehmens dar.

Die Differenzierung der beiden liquiditätsrelevanten Begriffsebenen erfolgt nicht durchgängig in der betriebswirtschaftlichen Literatur und auch in der betrieblichen Praxis werden die Begriffe Auszahlungen und Ausgaben bzw. Einzahlungen und Einnahmen häufig als Begriffe gleichen Inhalts verwandt - ein Sachverhalt, der durchaus zu prächtigen Verwirrungen führen kann.

Beispiel 2.3: Fehlende Differenzierung der Stromgrößen

Der Controller ist glücklich, die von ihm prognostizierten Umsatzzahlen sind in den verschiedenen Monaten nahezu 100%ig erreicht worden. Da er in der Planung nicht zwischen Einnahmen und Einzahlungen differenzierte, erwartet er auch ein hohes, positives Guthaben auf dem Geschäftskonto. Doch siehe da, der Kontostand ist negativ. Der Grund hierfür liegt darin, daß zwar der Umsatz erzielt wurde (Zunahme der Forderung und damit Erhöhung des Geldvermögens), die Zahlungsmoral der Kunden sich jedoch extrem verschlechterte und noch keine Einzahlungen erfolgten.

Ein Periodenüberschuß der Einzahlungen über die Auszahlungen oder auch ein periodischer Einnahmenüberschuß repräsentiert i. d. R. noch keinen Erfolg oder Gewinn. Zur Erklärung des möglichen Sachverhalts eines hohen Gewinns bei Zahlungsunfähigkeit bedarf es der Erläuterung weiterer Stromgrößen, diese folgen nun.

2.1.3 Aufwendungen und Erträge

Bislang wurden Veränderungen im Sachvermögen eines Unternehmens nicht berücksichtigt, eine gesonderte Betrachtung des Sachvermögens (z. B. Grundstücke, Gebäude, Betriebs- und Geschäftsausstattung, Halb- und Fertigfabrikate, Rohstoffe) findet auch üblicherweise nicht statt. Von besonderer Bedeutung sind jedoch Geschäftsvorfälle die zur Veränderung des Reinvermögens (auch Nettovermögen) führen. Dieses ergibt sich aus der Addition von Geld- und Sachvermögenswerten.

Aufwendungen stellen negative, Erträge stellen positive Veränderungen des Reinvermögens dar. Anders formuliert bilden Aufwendungen und Erträge den pro Periode im Unternehmen angefallenen bewerteten Verzehr bzw. die gesamte bewertete Erstellung von Gütern ab. Ihre inhaltliche Konkretisierung erfolgt vor dem Hintergrund von Gesetzen. Beide Rechengrößen sind die in der Finanzbuchhaltung erfaßten Werteverzehre bzw. -zugänge, die am Jahresende in der Gewinn- und Verlustrechnung ausgewiesen werden. Aus der Saldierung der Erträge und Aufwendungen einer Periode resultiert als Erfolgsgröße der Gewinn (Jahresüberschuß).

Erträge können, müssen jedoch nicht zugleich Einnahmen sein und umgekehrt. Dies gilt auch für die Beziehung von Aufwendungen und Ausgaben (vgl. Abbildung 2.2).

Ausgabe, aber kein Aufwand	Ausgabe, zugleich Aufwand	
	Aufwand, zugleich Ausgabe	Aufwand, aber keine Ausgabe

Abbildung 2.2: Ausgaben und Aufwendungen

Geschäftsvorfälle, die Ausgaben, nicht jedoch Aufwendungen sind, führen zu einem Rückgang der Zahlungsfähigkeit, ohne daß sich dies auf die Höhe des Gewinns auswirkt.

Beispiel 2.4: Vorfälle die Ausgaben, aber keine Aufwendungen sind

> Der Unternehmer kauft eine Maschine und zahlt hierfür DM 240.000, die in voller Höhe eine Liquiditätsbelastung darstellen. Aus Gründen der periodengerechten Verteilung des nutzungs- und zeitbedingten Werteverzehrs an der Maschine ist sie auf mehrere Jahre abzuschreiben. Erst die zeitlich der Anschaffung folgenden Abschreibungen stellen Aufwendungen dar.
>
> In der gleichen Periode erwirbt der Unternehmer Rohstoffe (= Ausgabe), die er jedoch erst in den Folgeperioden verbraucht (gleichfalls späterer Aufwand).
>
> Zudem kauft er ein Grundstück. Dieser Kauf führt i. d. R. zu keiner späteren Abschreibung und wird damit nie erfolgswirksam.

Umgekehrt führen Geschäftsvorfälle, die Aufwendungen, jedoch keine Ausgaben darstellen (z. B. Abschreibungen, Rohstoffverbrauch), zur Gewinnreduzierung bei Konstanz der Zahlungsfähigkeit. Neben den Geschäftsvorfällen mit späterer Erfolgswirksamkeit existieren auch solche mit früherer Erfolgswirksamkeit (z. B. die Bildung einer Rückstellung aufgrund einer erteilten Pensionszusage).

Vorfälle, die dazu führen, daß die Zahlungsfähigkeit und zugleich der Gewinn „leidet" sind beispielsweise der sofortige Verbrauch gelieferter Rohstoffe oder entstehende Zahlungsverpflichtungen (Zinsen, Miete etc.).

Da analog Einnahmen und Erträge gegeneinander abgegrenzt werden können, braucht hierauf nicht weiter eingegangen zu werden.

Abschließend soll kurz auf eine Besonderheit bezüglich des Verhältnisses der Bestandsgröße Reinvermögen und der Stromgrößen Aufwand und Ertrag aufmerksam gemacht werden. Grundsätzlich gilt, daß ein Ertrag (ein Aufwand) zwar zu einer Reinvermögenserhöhung (-verringerung) führt, umgekehrt gilt jedoch nicht, daß jede Reinvermögenserhöhung (-verringerung) auch einen Ertrag (Aufwand) darstellt. Leistet z. B. ein Gesellschafter einen Geldbetrag zur Erhöhung seiner Einlage, so stellt diese Einzahlung freilich eine Reinvermögenserhöhung dar, da bei konstantem Sachvermögen das Geldvermögen des Unternehmens wächst. Dennoch liegt hierbei kein (gewinnerhöhender) Ertrag vor.

Das Steuerrecht kennt anstelle der handelsrechtlichen Begriffe Aufwand und Ertrag die Termini Betriebsausgaben und -einnahmen, auf die an dieser Stelle nicht weiter eingegangen wird. Aufwendungen ähneln den Betriebsausgaben und Erträge den Betriebseinnahmen.

2.1.4 Kosten und Leistungen

Das Rechnen in Kosten und Leistungen soll im Unternehmen dazu dienen, durch eine erhöhte Transparenz im Hinblick auf das Betriebsgeschehen die Qualität der zu treffenden Entscheidungen zu optimieren.

Ähnlich den Aufwendungen und Erträgen führt auch die Saldierung von Leistungen und Kosten zu einer Gewinngröße, dem (kalkulatorischen) Betriebsergebnis oder -erfolg. Im Unterschied zum erstgenannten Stromgrößenpaar hat der Unternehmer bei der Festlegung seiner Leistungen und Kosten jedoch keine handels- oder steuerrechtlichen Vorschriften zu berücksichtigen, die Quantifizierung dieser Größen erfolgt vor dem Hintergrund seiner subjektiven Einschätzung.

In der betriebswirtschaftlichen Literatur existieren mehrere allgemeine Kostenbegriffe, von denen nachfolgend der wertmäßige und der pagatorische inhaltlich dargelegt werden.

Gemäß des **wertmäßigen Kostenbegriffs** (Schmalenbach) sind Kosten der bewertete Verbrauch von Gütern und Dienstleistungen, der zur Erstellung und zum Absatz der betrieblichen Leistung sowie zur Aufrechterhaltung der Betriebsbereitschaft in einer Periode erforderlich ist.

Wesentliche Kennzeichen dieses Kostenbegriffs sind der Güterverbrauch (wie im Falle der Aufwendungen entstehen Kosten nicht durch die Anschaffung, sondern den Verbrauch von Produktionsfaktoren), die Leistungsbezogenheit (der Verbrauch muß im Zusammenhang mit der eigentlichen betrieblichen Tätigkeit stehen, d. h. er muß betriebsbedingt sein - so stellt die Spende eines Händlers an das Rote Kreuz zwar einen Aufwand, jedoch keine Kosten dar) und die Bewertung (der Verbrauch muß in Geldeinheiten bewertbar sein).

Der **pagatorische Kostenbegriff** (Koch) stellt ausdrücklich auf Auszahlungen ab, welche durch den Verbrauch von Gütern und Dienstleistungen ausgelöst werden, er fokussiert die Betrachtung auf Zahlungsvorgänge: Kosten sind die mit Herstellung und Absatz einer Erzeugniseinheit bzw. einer Periode verbundenen, nicht kompensierten Ausgaben.

Demzufolge sind die wesentlichen Merkmale dieses Kostenbegriffs die zugrundeliegenden Ausgaben (relevant ist nicht der Güterverbrauch, sondern das Entgelt, welches für die Anschaffung der verbrauchten, respektive zum Verbrauch bestimmten, Güter und Dienstleistungen zu entrichten war oder noch zu entrichten ist), die fehlende Kompensierung (nur jene Ausgaben, die nicht als Tilgungs- oder Kreditgewährungsausgaben durch entsprechende Einnahmen aus einer Kreditinanspruchnahme oder durch den Rückempfang eines gewährten Kredits kompensiert werden) und die auch dem wertmäßigen Kostenbegriff immanente Leistungsbezogenheit.

Der wesentliche Unterschied zwischen beiden Kostenbegriffen manifestiert sich in der Behandlung der noch zu erläuternden Zusatzkosten, im Rahmen des wertmäßigen (pagatorischen) Kostenbegriffs sind sie (nicht), als Kosten anzusehen.

Spezielle Kostenbegriffe entstehen durch die Berücksichtigung zusätzlicher spezifischer Merkmale, die dem jeweiligen Untersuchungszweck oder Anwendungsbereich Rechnung tragen. So sieht der entscheidungsorientierte Kostenbegriff (Riebel) Kosten als die mit der Entscheidung über das betrachtete Objekt ausgelösten Ausgaben an. Der Begriff eignet sich damit besonders für die Vorbereitung von wesentlichen Entscheidungen der Unternehmensführung (z. B. hinsichtlich eines Betriebsverkaufs oder der Betriebsschließung).

Im weiteren Verlauf gelangt als allgemeiner vorwiegend der wertmäßige Kostenbegriff zur Anwendung, auf die Verwendung spezifischer Kostenbegriffe wird jeweils hingewiesen.

In gleicher Dimension erfolgt auch die inhaltliche Festlegung des Leistungsbegriffs, als Leistung gilt nachfolgend die bewertete, betriebsbedingte Güterentstehung.

In Abbildung 2.3 sind Aufwendungen und Kosten gegeneinander abgegrenzt.

Aufwand, keine Kosten = neutraler Aufwand	Aufwand, zugleich Kosten = Zweckaufwand	
	Kosten, zugleich Aufwand = Grundkosten	Kosten, kein Aufwand = Zusatzkosten

Abbildung 2.3: Aufwand und Kosten

Beim **neutralen Aufwand** handelt es sich um:

- betriebsfremde Aufwendungen (z. B. Spende an eine anerkannte gemeinnützige Organisation) oder um
- außerordentliche Aufwendungen (z. B. Verkauf eines Grundstücks unter Buchwert) oder um
- periodenfremde Aufwendungen (z. B. Steuernachbelastungen).

Neutrale Aufwendungen werden zwar in der Finanzbuchhaltung, nicht jedoch in der KLR berücksichtigt. In Einzelfällen kann die Abgrenzung der neutralen Aufwendungen durchaus sehr problematisch sein. So sind Spenden zu wohltätigen Zwecken Aufwendungen und keine Kosten, da sie nicht im Zusammenhang mit der eigentlichen betrieblichen Tätigkeit stehen. Die Spende eines Bauunternehmers an den örtlichen Kindergarten ist jedoch z. B. dann nicht betriebsbedingt, wenn der Unternehmer nicht Informationen von einem geplanten Umbau des Kindergartens hat. Erwirbt der Bauunternehmer für Kundenbesuche einen neuen Luxussportwagen, so würden die jährlichen Abschreibungen nach Möglichkeit als Aufwand behandelt. Ist dies jedoch betriebsbedingt? Die Frage würde vom Unternehmer im Rahmen seiner internen Erfolgsbetrachtung z. B. dann bejaht werden, wenn ihm das Fahrzeug als Prestigeobjekt einen bestimmten geschäftlichen Zugang ermöglicht.

Dem **Zweckaufwand** stehen in gleicher Höhe **Grundkosten** gegenüber. Diese auch als „Betriebsaufwand" bezeichneten Werte stellen in den Unternehmen sicherlich den größten Aufwands- bzw. Kostenblock dar.

Der Ansatz von **Zusatzkosten** folgt dem **Opportunitätskostenprinzip**, folglich dem Prinzip der Berücksichtigung von jenem Nutzenverzicht, der mit der nicht realisierten nächstbesten Alternative einhergeht.

Beispiel 2.5: Opportunitätskosten

> Sollen die Kosten bestimmt werden, die aus Sicht des Autors beim Schreiben eines Lehrbuchs entstehen, so ist zwangsläufig neben den Grundkosten (z. B. der anteiligen Abschreibung des PC-Systems), sein Einkommensverzicht zu berücksichtigen. Die Höhe dieser Opportunitätskosten sind wiederum abhängig von seinen individuellen Verdienstmöglichkeiten.

Zusatzkosten sind im Unterschied zu den Grundkosten keine pagatorischen (ital. pagare = zahlen) Kosten, da sie nicht auf Zahlungsvorgängen beruhen. Sie finden in der Kostenrechnung aus Vergleichszwecken Berücksichtigung und sind ein Bereich der kalkulatorischen Kosten. Teilweise werden kalkulatorische Kosten - wenn auch in anderer Höhe - als **Anderskosten** in der Finanzbuchhaltung als Aufwand erfaßt, so beispielsweise die kalkulatorischen Abschreibungen.

Kalkulatorische Kosten	
Anderskosten (steht ein Aufwand in anderer Höhe gegenüber)	Zusatzkosten (steht kein Aufwand gegenüber)

Abbildung 2.4: Kalkulatorische Kosten

Die kalkulatorischen Kostenarten werden an späterer Stelle (Kapitel 3.1) erläutert.

Der aus dem Gesamtertrag eines Unternehmens isolierte **Zweckertrag** geht in die KLR - ertragsgleich - als **Grundleistung** ein. Zu den in der KLR nicht berücksichtigten **neutralen Erträgen** zählen betriebsfremde Erträge (z. B. Mieteinnahmen aus Werkswohnungen), außerordentliche Erträge (z. B. Verkauf eines PKW's über Buchwert) und periodenfremde Erträge (z. B. Steuerrückzahlungen). Ein **Andersertrag** (bewertungsbedingter neutraler Ertrag) ist dann gegeben, wenn ein Ertrag seinem Wesen nach auch in der KLR, dort jedoch mit einem anderen (niedrigeren) Wertansatz erfasst wird.

Neben der Grundleistung lassen sich Andersleistungen und Zusatzleistungen differenzieren. Zu den Grundleistungen zählen die Absatzleistung (Produkte, die in der gleichen Abrechnungsperiode gefertigt und verkauft werden), die Lagerleistung (Bestandserhöhungen bei fertigen und unfertigen Erzeugnissen) und die aktivierte Eigenleistung (selbsterstellte Anlagen oder Gebäude, die nicht zum Verkauf, sondern zur eigenen Nutzung geplant sind).

Andersleistungen stehen Erträge in anderer (geringerer) Höhe gegenüber, **Zusatzleistungen** stehen keine Erträge gegenüber, so werden selbsterstellte Patente in der Aufwands- und Ertragsrechnung nicht erfaßt, gleichwohl repräsentieren sie jedoch eine betriebsbedingte, bewertbare Güterentstehung. Ein weiteres Beispiel für Zusatzleistungen sind unentgeltlich abgegebene Produkte, so z. B. die Verteilung von „Proben" durch Pharmaunternehmen an Ärzte.

Es sei jedoch an dieser Stelle angemerkt, daß Anders- und Zusatzleistungen in der betrieblichen Praxis kaum eine Rolle spielen und auch im späteren Verlauf dieses Bandes keine weitere Berücksichtigung finden.

2.2 Einordnung der KLR in das Rechnungswesen

Das betriebliche Rechnungswesen (im Unterschied zum volkswirtschaftlichen Rechnungswesen) umfaßt sämtliche Verfahren zur Erfassung, Aufbereitung und Abbildung der das Betriebsgeschehen betreffenden quantitativen Daten (Mengen- und Wertgrößen), mit dem Ziel der Planung, Steuerung und Kontrolle sowie der Information Außenstehender.

2.2.1 Teilbereiche des Rechnungswesens

Als institutionalisiertes Informationssystem weist das Rechnungswesen eines Unternehmens einen externen und einen internen Bereich auf. Die beiden Sphären unterscheiden sich im Hinblick auf die Informationsempfänger und den Informationsgegenstand.

Das **externe Rechnungswesen** dient in erster Linie der Information Unternehmensexterner (z. B. Eigen- oder Fremdkapitalgeber, Fiskus und Behörden). Da diese trotz eines berechtigten Informationsbedarfs keine sonstigen Alternativen zum Einblick in die wirtschaftliche Situation des Unternehmens aufweisen, sind die dem externen Rechnungswesen zuzuordnenden Teilbereiche der Finanzbuchhaltung und deren Abschluß (Bilanz, Gewinn- und Verlustrechnung etc.) an handels- und steuerrechtlichen Vorschriften auszurichten. Das externe Rechnungswesen ist Gegenstand des Bandes *„Intensivtraining Bilanzen"* in dieser Reihe.

Neben der KLR als wesentlicher Komponente stellen die Betriebsstatistik und weitere Planungsrechnungen, wie die Investitionsrechnung oder die Finanzplanung (siehe *„Intensivtraining Investition"* bzw. *„Intensivtraining Finanzierung"*), die Teilbereiche des **internen** (innerbetrieblichen) **Rechnungswesens** dar. Die Daten des internen Rechnungswesens dienen der Information jener unternehmensinternen Personen, die die wirtschaftlichen Prozesse im Unternehmen planen, steuern und kontrollieren.

Die wesentlichen Unterschiede zwischen externem und internem Rechnungswesen sind in der Tabelle 2.1 aufgeführt.

Tabelle 2.1: Externes und internes Rechnungswesen

Externes Rechnungswesen	Internes Rechnungswesen
Adressaten sind Unternehmensexterne.	Adressaten sind Unternehmensinterne.
Zielsetzung ist die vergangenheitsorientierte Dokumentation und Rechenschaftslegung.	Zielsetzung ist die Planung, Steuerung und Kontrolle des Betriebsgeschehens.
Handels- und steuerrechtliche Regelungen sind zu beachten.	I. d. R. existieren keine gesetzlichen Vorschriften, ob und in welcher Form eine interne Rechnung betrieben wird.
Erfassungsobjekt ist das gesamte Unternehmen.	Erfassungsobjekt ist der einzelne Unternehmensbereich/Betrieb.
Der Erfassungszeitraum beträgt i. d. R. ein Jahr.	Der Erfassungszeitraum ist abhängig vom jeweiligen Rechnungszweck, z. B. unterjährig in der KLR, mehrjährig in der Investitionsrechnung.
Rechnungselemente sind Aufwendungen und Erträge (handelsrechtlich).	Rechnungselemente sind abhängig vom Rechnungszweck, z. B. Kosten und Leistungen in der KLR, Ein- und Auszahlungen in der Finanzplanung.

2.2.2 Aufgaben und Aufbau der KLR

Die KLR dient der Planung und Steuerung sowie der Kontrolle des Unternehmensprozesses.

Die sinnvolle Unternehmenssteuerung setzt eine vernünftige Planung voraus. Im Rahmen ihrer Steuerungsaufgabe und in Vorbereitung ihrer Entscheidungen sollte die Unternehmens- bzw. Betriebsleitung das künftige betriebliche Geschehen planen. Für diese Aufgabe liefert auch die KLR die quantitativen Grundlagen. Im Unterschied zur Investitionsrechnung, die i. d. R. längerfristiger orientiert ist, schafft sie hierbei gewöhnlich die Basis für kurzfristige Entscheidungen.

Beispiel 2.6: KLR und Investitionsrechnung

Bislang fremd bezogene Teile sollen künftig gegebenenfalls selbst produziert werden. Für diese Entscheidung werden die Kosten des Fremdbezugs und der Eigenfertigung gegenübergestellt. In den Kosten der Eigenfertigung sind u. a. die jährlichen Abschreibungen für eine dann notwendige Produktionsanlage enthalten. Weist die Gegenüberstellung der Kosten auf eine günstigere Eigenfertigung hin, so ist vor der Anschaffung der Anlage mittels Investitionsrechnung zu überprüfen, ob sich die 10jährige Kapitalbindung rentiert.

Die gewünschte Entwicklung des Unternehmens wird häufig durch interne und externe Einflüsse gestört. Erstere basieren auf Mißverständnissen, Ausfällen oder auch Nachlässigkeit, letztere liegen z. B. begründet im unerwarteten Verhalten der Konkurrenten, der Kunden oder Lieferanten. Damit diesen unerwünschten Entwicklungen möglichst rasch entgegengewirkt werden kann, benötigt die Leitungsinstanz diesbezüglich kurzfristig aktuelle (Kontroll-)Informationen. Die KLR liefert hierbei zunächst Daten zur Kennzeichnung der tatsächlichen Situation (Ist-Größen) und schafft damit die Möglichkeit, diese mit den (idealtypisch existenten) Sollgrößen zu vergleichen, damit die Abweichung und die Abweichungsursachen erkannt und Maßnahmen zur entsprechenden Eliminierung der Störgrößen ergriffen werden können.

Beispiel 2.7: Kontrollrechnungen

Der zur Kundenauslieferung im Einsatz befindliche LKW verbrauchte im vergangenen Monat gemäß der vorliegenden Belege und unter Berücksichtigung der den Kunden gegenüber abgerechneten Strecken 70 Liter Treibstoff/100 km. Die Überprüfung des Fahrzeugs erbrachte ein kleineres Loch im Tank, ein Gespräch mit dem Fahrer führte zu dessen größeren Nebeneinkünften durch Umzugsdienste in den Abendstunden.

Die KLR liefert Informationen zur Wirtschaftlichkeitskontrolle auf der Basis einzelner Produkte, einzelner Projekte oder auch Aufträge und zudem dient sie der Beurteilung einzelner Betriebsstellen oder auch des gesamten Betriebs.

Dem Abrechnungsgang folgend, hat sich in der betrieblichen Praxis und in der betriebswirtschaftlichen Literatur eine Einteilung der KLR in drei Stufen etabliert:

- Kostenartenrechnung;
- Kostenstellenrechnung;
- Kostenträgerrechnung.

Im Rahmen der zu Beginn stehenden **Kostenartenrechnung** sind zunächst alle in der Abrechnungsperiode angefallenen Kosten zu erfassen und nach verschiedenen Kriterien zu gliedern.

In der **Kostenstellenrechnung** wird untersucht, an welchen Stellen bzw. in welchen Bereichen (Kostenstellen) des Betriebs diese Kosten entstanden bzw. verursacht worden sind.

Die **Kostenträgerrechnung** bildet den Abschluß des Abrechnungsgangs.

Die Bestimmung der Kosten pro Leistungseinheit ist Gegenstand der **Kostenträgerstückrechnung** oder Kalkulation.

Der Betriebserfolg als Gewinngröße in der KLR resultiert aus der Gegenüberstellung aller Kosten und Leistungen pro Periode (**Kostenträgerzeitrechnung**).

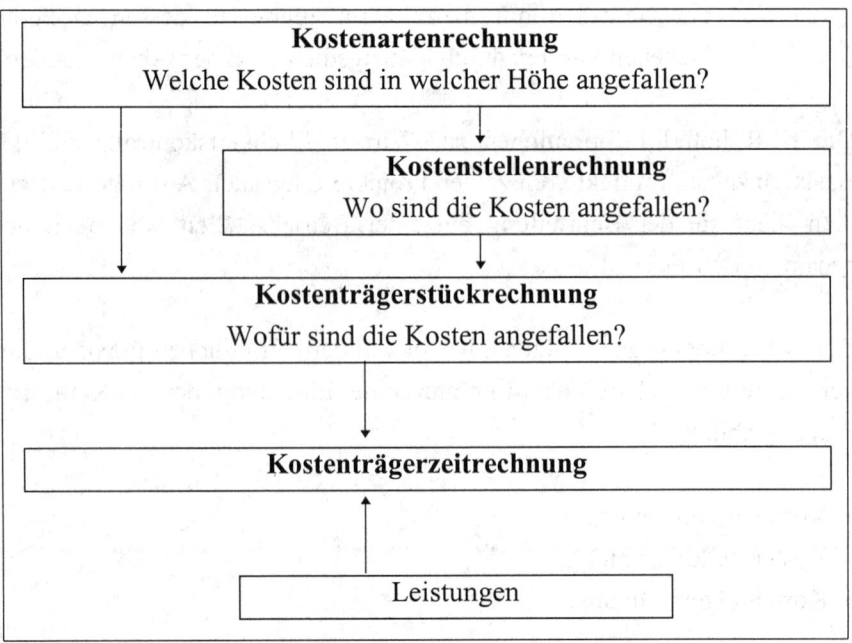

Abbildung 2.5: Abrechnungsstufen der KLR

Während die Verrechnung der Kosten Gegenstand intensiver betriebswirtschaftlicher Forschung und praktischer Bemühungen ist, nimmt die Leistungsrechnung einen vergleichsweise kleinen Raum ein. Ein Sachverhalt der berechtigten Anlaß dazu gibt, begrifflich die „Kosten- und Leistungsrechnung" zur „Kostenrechnung" zu verkürzen.

2.3 Kostenkategorien

Kosten sind nach verschiedenen Kriterien differenzierbar, so u. a. nach:

- ihrem Verhalten bei Beschäftigungsschwankungen,
- ihrer Zurechenbarkeit zu einzelnen Kalkulationsobjekten,
- ihrem zeitlichen Bezug,
- ihrer Bedeutung in bestimmten Entscheidungssituationen,
- der Art der verbrauchten Produktionsfaktoren,
- betrieblichen Funktionen.

2.3.1 Variable und fixe Kosten

Ein Teil der betrieblichen Kosten verändert sich in Abhängigkeit einer gewählten Kosteneinflußgröße, der andere Teil der Kosten ist von solchen Veränderungen unabhängig. Sofern der Betrachtung die Produktionsmenge als Kosteneinflußgröße zugrunde gelegt wird, steigen (sinken) die variablen Kosten bei Mehr-(Minder-)produktion, die Fixkosten bleiben konstant. Ein Vergleich der tatsächlichen Produktionsmenge mit der möglichen Maximalproduktion führt im Ergebnis zur Kapazitätsauslastung, die in der Betriebswirtschaftslehre auch als Beschäftigung bezeichnet wird. I. d. R. sind (wie auch im weiteren Verlaufe des vorliegenden Bandes) mit den variablen Kosten beschäftigungsvariable und mit Fixkosten Beschäftigungsfixkosten gemeint. Im Einzelfall sollte die Kosteneinflußgröße jedoch geklärt werden.

Beispiel 2.8: Bestimmung der Kosteneinflußgröße

Ein Bauträger plant die Errichtung von identischen Einfamilienhäusern zum anschließenden Verkauf. Die anfallenden Planungskosten des Architekten sind nach der zugrundeliegenden Honorarordnung abhängig vom Bauvolumen. Diese Kosten sind damit variabel hinsichtlich der qm-Anzahl pro Haus bzw. des einzelnen Bauvolumens. Sie sind allerdings (weitestgehend) Fixkosten, sofern als Kosteneinflußgröße die Anzahl der zu errichtenden Häuser zugrundegelegt wird.

Beispiele für variable Kosten sind die Benzinkosten eines Taxiunternehmers, die Verkaufsprovisionen der Verkäufer für einen Makler oder auch die Kosten des Rohstoffverbrauchs eines Industriebetriebs.

Verändern sich die variablen Kosten im gleichen Verhältnis wie die Beschäftigung, so liegen proportionale oder lineare Kosten vor. Ist die Kostenveränderung überproportional (unterproportional) zur Beschäftigungsänderung, so handelt es sich um progressive (degressive) Kosten. Sowohl im Falle der linearen, als auch im Falle der progressiven bzw. degressiven Kosten, erhöhen sich die Gesamtkosten bei ansteigender Beschäftigung, die Stückkosten bleiben jedoch konstant, steigen bzw. sinken.

Beispiel 2.9: Proportionale Kosten

Ein Händler erwirbt eine Ware bei einem Lieferanten, ohne daß dieser Mengenrabatte gewährt.

Beschaffungsmenge:	Stückkosten:	Gesamtkosten:
0 Stück	DM 0	DM 0
1 Stück	DM 5	DM 5
2 Stück	DM 5	DM 10
3 Stück	DM 5	DM 15

Beispiel 2.10: Progressive Kosten

Die durch Werkzeugverschleiß (Überstundenzuschläge) entstehenden Kosten eines Industriebetriebs verhalten sich in Abhängigkeit der Produktionsmenge wie folgt:

Beschaffungsmenge:	Stückkosten:	Gesamtkosten:
0 Stück	DM 0	DM 0
1 Stück	DM 10	DM 10
2 Stück	DM 12	DM 24
3 Stück	DM 13	DM 39

Beispiel 2.11: Degressive Kosten

Ein Unternehmer bezieht bei seinem Lieferanten Material unter Gewährung von Mengenrabatten.

Beschaffungsmenge:	Stückkosten:	Gesamtkosten:
0 Stück	DM 0	DM 0
1 Stück	DM 8	DM 8
2 Stück	DM 7	DM 14
3 Stück	DM 5	DM 15

Grundsätzlich denkbar ist auch der Fall der sinkenden Stück- und Gesamtkosten bei steigender Beschäftigung (regressive Kosten). Die in der Literatur hierzu genannten Beispiele, wie die Heizkosten im Kino oder Nachtwächterkosten bei Schichtarbeiten, verdeutlichen jedoch ihre kaum vorhandene Relevanz für die betriebliche Praxis.

Beispiele für fixe Kosten sind die Zeitlöhne in der Verwaltung oder Abschreibungen auf Gebäude. Je nach Betrachtung sind diese Kosten absolut fix (KFZ-Steuer eines LKW's) oder sprung- bzw. intervallfix (die Kostenposition „KFZ-Steuer" ändert sich in Anhängigkeit der LKW-Anzahl).

Beispiel 2.12: Sprungfixe Kosten

> Die Miete für den Lagerplatz eines Entsorgungsbetriebs beläuft sich auf DM 5.000/Monat. Auf diesem Lagerplatz können maximal 800 Container abgestellt werden. Bei Bedarf besteht die Möglichkeit der vorübergehenden Anmietung eines Nachbargrundstücks zu DM 3.000/Monat. Hierauf könnten weitere 400 Container plaziert werden.

Container-Anzahl:	Lagermiete/Monat:
0 Stück	DM 5.000
400 Stück	DM 5.000
800 Stück	DM 5.000
1.200 Stück	DM 8.000

Innerhalb eines Kapazitätsintervalls sind die gesamten Fixkosten konstant, die Stückfixkosten sinken bei ansteigender Beschäftigung. Der Anteil der Auslastung in einem Kapazitätsintervall bestimmt den Anteil **der Nutzkosten** an den Fixkosten, der übrige Anteil entspricht den **Leerkosten**. Da steigende Leerkosten die Stückfixkosten erhöhend beeinflussen, ist die Realisierung möglichst niedriger Leerkosten eine wesentliche Zielsetzung in der Praxis.

Beispiel 2.13: Nutz- und Leerkosten

Die Fixkostenposition „Lagermiete" für den im Beispiel 2.12 vorgestellten Entsorgungsbetrieb teilt sich in Abhängigkeit der Containeranzahl wie folgt in Nutz- und Leerkosten auf:

Container-Anzahl:	Nutzkosten:	Leerkosten:
0 Stück	DM 0	DM 5.000
400 Stück	DM 2.500	DM 2.500
800 Stück	DM 5.000	DM 0
1.200 Stück	DM 8.000	DM 0

Die Stückfixkosten betragen damit:

Container-Anzahl:	Stückfixkosten:
0 Stück	-
400 Stück	DM 12,50
800 Stück	DM 6,25
1.200 Stück	DM 6,67

Fixkosten können, müssen aber nicht längerfristige Verpflichtungen repräsentieren, d. h. die Aussage „Fixkosten sind kurzfristig starr, also nicht beeinflußbar" kann, muß jedoch nicht immer zutreffen. Beispiele für kurzfristig beeinflußbare Fixkosten sind Leiharbeiterzeitlöhne, Gehälter während der Probezeit oder auch Leasingraten bei Verträgen ohne vereinbarte Grundmietzeit. Durch die Möglichkeit zur kurzfristigen Vertragskündigung sind bei den genannten Beispielen die Kosten kurzfristig eliminierbar oder durch Vertragspartnerwechsel ggf. reduzierbar.

Die Art des verbrauchten Produktionsfaktors legt nicht automatisch fest, daß es sich um variable oder fixe Kosten handelt. Grundsätzlich ist z. B. die Raummiete fix - Mieten im Gastronomiebereich werden jedoch häufig umsatzabhängig verabredet und sind damit variabel. Kosten für Produktionslizenzen sind häufig Fixkosten, können jedoch auch mengenabhängig vereinbart werden.

Bestimmte Kosten enthalten fixe und variable Anteile, so u. a. Telefon- oder Transportkosten.

In kaum einem Unternehmen ist es wohl möglich, die Frage ad hoc zu beantworten, in welchem Maße in der letzten Periode variable und fixe Kosten angefallen sind. Bedeutung hat diese Differenzierung für die Kostenplanung und -analyse, auf die im Rahmen des 4. Kapitels eingegangen wird.

2.3.2 Einzel- und Gemeinkosten

Nach der Möglichkeit zur direkten oder nur indirekten Zurechenbarkeit bestimmter Kostenpositionen zu einzelnen Kalkulationsobjekten, wie z. B. einzelnen Kostenträgern, werden Einzel- und Gemeinkosten unterschieden.

Kosten*träger*einzelkosten sind jene Kosten, die sich frei von Willkür dem einzelnen Kostenträger direkt zuordnen lassen, da sie nur von diesem verursacht wurden. So sind z. B. die Kosten der Fremdbeschaffung und des anschließenden Einbaus einer Lichtmaschine im Rahmen der Produktion eines PKW's Einzelkosten.

Kosten*träger*gemeinkosten sind jene Kosten, die dem einzelnen Kostenträger nicht direkt, sondern nur indirekt über eine willkürliche Schlüsselung zugeordnet werden können, so z. B. das Pförtner-Gehalt im Mehrproduktbetrieb.

Bezogen auf die Abbildung 2.5 handelt es sich bei den direkt aus der Kostenartenrechnung in die Kostenträgerstückrechnung eingehenden Kosten um Einzelkosten (linker, längerer Pfeil), während der rechte unterbrochene Pfeil die über die Kostenstellenrechnung in die Kalkulation eingehenden Gemeinkosten repräsentiert.

Ein einfaches Beispiel möge den Unterschied zwischen Einzel- und Gemeinkosten verdeutlichen.

Beispiel 2.14: Einzel- und Gemeinkosten

Ein Händler bezieht drei Produkte von seinem Lieferanten aus Übersee in einer aufwendigen Seeverpackung. Die Kosten für Fracht und Verpackung (K_{FV}) gehen vereinbarungsgemäß zu seinen Lasten. Der Einfachheit halber fakturiert der Lieferant in DM.

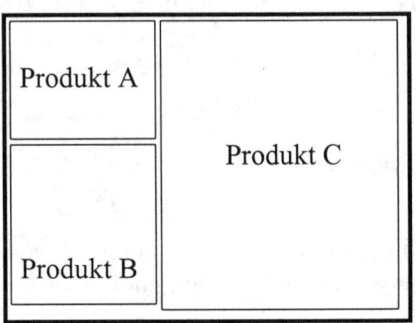

Für seinen Kunden Müller bestellte der Händler das Produkt A, die anderen Produkte gehen an sonstige Kunden.

Im Rahmen seiner Kalkulation sind die einzelnen Beschaffungspreise der Produkte Einzelkosten. Die Kosten für Fracht und Verpackung stellen jedoch Gemeinkosten dar, denn es gibt mehrere Möglichkeiten der Verteilung der DM 90 auf die drei Produkte.

Zur Verteilung der Gemeinkosten auf die einzelnen Kalkulationsobjekte existieren mehrere Prinzipien, die nachfolgend kurz vorgestellt werden.

- Das **Verursachungsprinzip** besagt, daß jedes Kalkulationsobjekt jene Kosten zu tragen hat, die es auch verursacht hat. So eingängig dieses Prinzip auch ist, so wenig konkret ist es. Denn häufig existieren mehrere Möglickeiten der verursachungsgerechten Verteilung, aus denen dann eine willkürliche Auswahl oder Gewichtung vorzunehmen ist. So könnten im Beispiel 2.14 die Kosten für Fracht und Verpackung nach Produktgewicht, -volumen oder anderen Kriterien zugeordnet werden. Aus dieser Problematik folgte in der betriebswirtschaftlichen Literatur die Weiterentwicklung des Verursachungsprinzips in Form des Identitäts- oder Relevanzprinzips, auf die jedoch an dieser Stelle nicht weiter eingegangen werden soll.

Als Kostenanlastungsprinzipien, welche keine verursachungsgerechte Zurechnung, sondern lediglich eine Verteilung der Gemeinkosten vornehmen, existieren das Durchschnitts- und das Tragfähigkeitsprinzip.

- Die gesamten Gemeinkosten werden nach dem **Durchschnittsprinzip** durch die Anzahl der Kalkulationsobjekte dividiert, das Resultat wird dann den Objekten angelastet. Bezogen auf das Beispiel 2.14 würden jedem Produkt DM 30 zugerechnet.

- Werden Gemeinkosten nach dem Ausmaß der möglichen Belastbarkeit den Kalkulationsobjekten angelastet, so handelt es sich hierbei um die Anwendung des **Tragfähigkeitsprinzips**. Ist im o. g. Beispiel bekannt, daß der Kunde Müller das Produkt A zu maximal DM 400 kaufen würde, die Produkte B und C sich hingegen auf „engen Märkten" bewegen, so könnte das Produkt A mit den vollen Kosten für Fracht und Verpackung in Höhe von DM 90 belastet werden.

Wenn auch das Verursachungsprinzip gewissermaßen das Ideal zur Gemeinkostenverteilung darstellt, werden das Durchschnitts- und das Tragfähigkeitsprinzip in der betrieblichen Praxis in einigen Fällen selbst dann angewandt, wenn die verursachungsgerechte Verteilung zwar möglich, aus Wirtschaftlichkeitsgründen jedoch nicht zweckmäßig ist.

Gleichfalls aus Wirtschaftlichkeitsgründen werden bestimmte Kostenpositionen, die grundsätzlich als Einzelkosten erfaßbar wären, dennoch als Gemeinkosten verrechnet. Ein Beispiel für diese sogenannten **unechten Gemeinkosten** ist der Verbrauch von Hilfsstoffen.

Beispiel 2.15: Unechte Gemeinkosten

> Ein Produzent von Holzkisten könnte grundsätzlich zur Erfassung der Anzahl der pro Kiste verbrauchten Nägel eine Person abstellen, wird dies jedoch aus Wirtschaftlichkeitsgründen unterlassen und den Nägelverbrauch als Gemeinkostenposition führen. Der zusätzlichen Transparenz durch die Kostenrechnung steht hierbei eine zu hohe zusätzliche Kostenbelastung durch die Kostenrechnung gegenüber.

Bestimmte Einzelkosten in einem Mehrproduktbetrieb können zwar einigen, nicht jedoch allen Kostenträgern zugeordnet werden. Hierbei handelt es sich um **Sondereinzelkosten** (der Fertigung oder des Vertriebs).

Beispiel 2.16: Sondereinzelkosten

> Ein Industrieunternehmen erhält die Aufforderung zur Abgabe eines Angebotspreises für eine Spezialproduktgruppe. Zur Durchführung dieses Auftrags wären spezielle Werkzeuge zur Maschineneinrichtung anzuschaffen und Modelle anzufertigen (Sondereinzelkosten der Fertigung). Außerdem fielen für den Auftragsversand bestimmte Verpackungs- und Versandkosten (Sondereinzelkosten des Vertriebs) an. Die genannten Kosten sind Gemeinkosten hinsichtlich der einzelnen angefragten Spezialprodukte, dem gesamten Auftrag als Kalkulationsobjekt sind sie jedoch direkt zuzuordnen.

Als Kosten*stellen*gemeinkosten bezeichnet man jene Kosten, die nicht direkt einer bestimmten Kostenstelle zurechenbar sind. Während z. B. das Gehalt des Leiters der Fertigungsstelle A eindeutig dieser Kostenstelle zuzuordnen ist (Kostenstelleneinzelkosten), sind z. B. die Personalkosten eines „Springers", der dort aushilft, wo er aktuell benötigt wird und für dessen Einsatzzeiten keine Stundenzettel geführt werden, Kostenstellengemeinkosten. Auch im Falle der Kostenstellengemeinkosten lassen sich echte und unechte identifizieren. So könnten für den o. g. Springer durchaus Stundenzettel geführt werden, wenn dies auch unwirtschaftlich sein kann, oder Stromkosten könnten bei Installation eines Zählers in jeder Kostenstelle exakt ermittelt und zugeordnet werden. Bei beiden Beispielen wäre damit der Übergang von der Verrechnung als unechte Gemeinkosten zur Verrechnung als Kostenstelleneinzelkosten bewältigt.

Kosten, die hinsichtlich eines Kalkulationsobjektes nicht direkt zurechenbar sind, sind es ggf. bei Übergang auf eine höhere Betrachtungsebene (**relative Einzelkosten**).

Beispiel 2.17: Relative Einzelkosten

> Das Gehalt des Produktmanagers, der die 7 zur Produktgruppe „Badezusätze" zählenden Artikel betreut, stellt eine Gemeinkostenposition im Hinblick auf den einzelnen Artikel dar, hat jedoch Einzelkostencharakter hinsichtlich der gesamten Produktgruppe.

Einzelkosten sind immer variable Kosten, umgekehrt sind jedoch variable Kosten nicht immer Einzelkosten (z. B. unechte Kostenträgergemeinkosten oder Materialkosten bei Kuppelproduktion). Fixkosten sind immer Gemeinkosten, letztere sind jedoch hin und wieder variabel.

2.3.3 Ist-, Normal- und Plankosten

Istkosten sind die in der vergangenen Abrechnungsperiode tatsächlich angefallenen Kosten. Eine Planung auf Basis von Istkosten wäre automatisch mit deren Einmaligkeit und Zufälligkeit behaftet.

Beispiel 2.18: Istkosten

> Im vergangenen Monat stellte ein Mitarbeiter 250 identische Gußteile her, seine Beschäftigung verursachte in diesem Zeitraum Personalkosten in Höhe von DM 4.500,-, somit betrugen die Istkosten/Stück DM 18,-.

Normalkosten stellen den Versuch dar, durch eine Durchschnittsbildung über Istkosten der Vergangenheit das Ausmaß zufälliger Schwankungen einzudämmen. Die „Normalisierung" kann sich auf die Mengenkomponente der Kosten (z. B. durchschnittlicher Verbrauch an Materialien) und/ oder auf die Wertkomponente (durchschnittlicher Beschaffungspreis des Materials) beziehen. Das Kalkulieren mit Normalkosten beschleunigt und vereinfacht die Kalkulation.

Beispiel 2.19: Normalkosten

> In den vergangenen 6 Monaten fertigte der Mitarbeiter bei durchschnittlichen Personalkosten von DM 4.500,- im Durchschnitt 277 Gußteile. Der Normalkostensatz/Stück beträgt somit DM 16,25.

Plankosten nehmen keinen (oder nur einen reduzierten) Bezug auf vergangene Kosten. Bei der Fixierung von Plankosten sollte hinsichtlich der Mengen- und Wertkomponente der Kosten eine methodisch gesicherte Prognose zugrunde liegen.

Beispiel 2.20: Plankosten

> Für einen Kunden sollen 2.000 Spezialgußteile angefertigt werden. Die Ermittlung der anfallenden Personalkosten erfolgt auf der Basis einer vom Unternehmensfachverband bereitgestellten Zeitstudie, derzufolge 400 dieser Teile von zwei Mitarbeitern in einem Monat angefertigt werden können. Je Mitarbeiter ist pro Monat mit Personalkosten von DM 4.800,- zu kalkulieren. Damit betragen die Personal-Plankosten zur Produktion der genannten Teileanzahl DM 48.000,-.

2.3.4 Relevante und irrelevante Kosten

Die KLR dient in den Unternehmen - gewissermaßen quer zum in der Abbildung 2.5 dargelegten Abrechnungsgang - auch der Bereitstellung des erforderlichen Datenmaterials zur Vorbereitung von wichtigen Entscheidungen. Nun können in bestimmten Entscheidungssituationen Kosten, die im laufenden Abrechnungsgang üblicherweise berücksichtigt werden, deswegen irrelevant sein, weil sie unabhängig von der zu wählenden Entscheidungsalternative in gleicher Höhe anfallen werden.

In der entscheidungsorientierten Kostenrechnung sind relevante Kosten jene, die durch das Ergreifen einer bestimmten Handlungsalternative entstehen oder sich verändern. Die gleiche Kostenart, die bei einer Entscheidung relevant ist, kann bei der nächsten irrelevant sein.

Beispiel 2.21: Relevante und irrelevante Kosten

Der Pendler Schmidt bewältigt täglich die Strecke zu und von seiner Arbeitsstelle mit seinem PKW. Als sportlicher Mensch nutzt er sein Fahrzeug nur zu diesem Zweck und fährt ansonsten mit seinem Fahrrad. Im Betrieb lernt er einen jungen Mitarbeiter, Herrn Müller, kennen, der -noch in der Probezeit- am gleichen Ort wohnt und somit mit seinem PKW die gleiche Fahrtstrecke zu bewältigen hat. Die beiden vereinbaren eine Fahrgemeinschaft bis zum Ende der Probezeit von Hr. Müller, wobei Hr. Schmidt mit seinem PKW fährt und Herr Müller einen Benzinkostenzuschuß gewährt. Kurz nach der Beendigung seiner Probezeit teilt er Hr. Schmidt mit, daß er seinen PKW verkauft hätte und nun, da es für ihn sehr viel günstiger sei, laufend mit Hr. Schmidt fahren werde. Da er außerdem wüßte, daß dieser ansonsten den PKW nicht nutzen würde, wäre es ja wohl auch möglich, zum Zwecke der Freizeitgestaltung auf das Fahrzeug zugreifen zu können. War in der ersten Phase der gemeinsamen PKW-Nutzung die Ermittlung des Zuschusses über die entstehenden Benzinkosten als alleinig relevante Kostenposition u. U. fair, ist nun sicherlich, sofern Hr. Schmidt auf den Vorschlag des Kollegen eingeht, der Zuschuß auch unter Berücksichtigung anderer nun relevanter Kosten, wie der KFZ-Steuer und -Versicherung, sowie dem nutzungsbedingten Wertverlust und anfallenden Reparaturen zu ermitteln.

Einen Spezialfall irrelevanter Kosten stellen die sog. **sunk costs** dar. Hierbei handelt es sich um Kosten, die in der Vergangenheit angefallen und derzeit nicht mehr beeinflußbar sind.

Beispiel 2.22: Sunk costs

> Ein Papierwarenhändler sieht sich einem kritischen Kunden gegenüber, der nicht bereit ist, im Juli 1998 den Jahreskalender 1998 zum ausgezeichneten Preis (DM 9,-), sondern nur zu einem niedrigeren (DM 5,-) zu erwerben. Die der Preisauszeichnung zugrundeliegende Kalkulation des Händlers berücksichtigte auch die Kalenderbeschaffungskosten von DM 6,- zum Ende des vergangenen Jahres. Da der Händler den Papierverwertungserlös des Kalenders bei etwa DM 0,10 sieht, berücksichtigt er diesen als Opportunitätskosten anstelle der Beschaffungskosten in seiner neuen Kalkulation und geht auf das Angebot des Kunden ein. Die Beschaffungskosten des Kalenders stellen sunk costs dar.

2.3.5 Weitere Kostenkategorien

Auf die Differenzierung der Kosten nach Art des verbrauchten Produktionsfaktors (Personal-, Material-, Raumkosten etc.) und nach betrieblichen Funktionen (Beschaffungs-, Produktions-, Verwaltungskosten etc.) wird im Rahmen des 3. Kapitels noch ausführlich eingegangen werden.

Weitere mögliche Unterteilungen der Kosten sind nach den Kriterien der Art der Kostenerfassung (aufwandsgleiche und kalkulatorische Kosten - vgl. auch Abbildung 2.3) oder auch der Herkunft der Kostengüter möglich. Nach letzterem Kriterium differenziert, ergeben sich aus der Sicht einer Kostenstelle des Betriebs primäre und sekundäre Kosten. **Primäre Kosten** einer Kostenstelle sind jene, die durch Faktorbezug von außerhalb des Betriebs entstehen, **sekundäre Kosten** einer Kostenstelle resultieren aus einer innerbetrieblichen Leistungsverrechnung.

Beispiel 2.23: Sekundäre Kosten

> Die betriebsinterne Reparaturstelle war im vergangenen Monat 20 von 170 Stunden für die Fertigungsstelle A tätig. Die insgesamt in der Reparaturstelle entstandenen Kosten betrugen DM 340.000,-, davon werden der Fertigungsstelle A 20/170 = DM 40.000,- angelastet. Aus der Sicht der Fertigungsstelle handelt es sich hierbei um sekundäre Kosten.

Die innerbetriebliche Leistungsverrechnung ist Gegenstand des Kapitels 3.2.

2.4 Kostenrechnungssysteme

Das in einem Unternehmen installierte Kostenrechnungssystem muß den individuellen Anforderungen des Unternehmens gerecht werden. Mögliche Ausgestaltungsvarianten orientieren sich an den Kriterien:

- Umfang der Kostenzurechnung und
- zeitlicher Bezug der erfaßten Kosten.

Eine **Vollkostenrechnung** liegt vor, wenn sämtliche Kosten einer Periode in einem Betrieb auf die jeweils relevanten Kalkulationsobjekte verrechnet werden. Die Abbildung 2.5 zeigt eine solche Vollkostenrechnung auf, ein Teil der Kosten (Einzelkosten) geht direkt in die Kostenträgerstückrechnung ein, der andere Teil (Gemeinkosten) wird über die Kostenstellenrechnung indirekt über eine Schlüsselung in die Kostenträgerstückrechnung übernommen.

Erfolgt die Verrechnung eines Teils der Kosten (besser: Verrechnung von nur einer Kostenkategorie) auf die einzelnen Kalkulationsobjekte, speziell auf die einzelnen Kostenträger, so handelt es sich um eine **Teilkostenrechnung**. Die hierbei nicht verrechnete Kostenkategorie geht in die Kostenträgerzeitrechnung ein. Auch im Falle der Teilkostenrechnung werden jedoch zunächst alle Kosten in der Kostenartenrechnung erfaßt, der

Unterschied zu einem Vollkostenrechnungssystem liegt folglich in der Verrechnungs- und nicht in der Erfassungsart.

Nach dem Kriterium des zeitlichen Bezugs lassen sich folgende Kostenrechnungssysteme unterscheiden:

- Istkostenrechnung,
- Normalkostenrechnung,
- Plankostenrechnung.

Die Differenzierung der Systeme folgt den in Kapitel 2.3.3 dargelegten Kostenbegriffen, **Istkosten- und Normalkostenrechnungen** bilden vergangene Kosten ab. **Plankostenrechnungssysteme** beruhen auf geplanten Kosten, wobei ein späterer Vergleich mit den Istkosten zu Kontrollzwecken üblich ist.

Da die genannten Kriterien kombinierbar sind, ergeben sich theoretisch 6 verschiedene Möglichkeiten zur Ausgestaltung eines betrieblichen Kostenrechnungssystems.

Tabelle 2.2: Kostenrechnungssysteme

	Istkosten-rechnung	**Normalkosten-rechnung**	**Plankosten-rechnung**
Vollkosten-rechnung	Istkostenrechnung auf Vollkosten-basis	Normalkosten-rechnung auf Vollkostenbasis	Plankosten-rechnung auf Vollkostenbasis
Teilkosten-rechnung	Istkostenrechnung auf Teilkosten-basis	Normalkosten-rechnung auf Teil-kostenbasis	Plankosten-rechnung auf Teil-kostenbasis

Nicht alle dieser theoretisch möglichen Systeme existieren in der betrieblichen Praxis, teilweise finden sich dort auch verschiedene Systeme in einem mehr oder weniger „friedlichen Zusammenspiel".

In den nächsten Kapiteln werden die folgenden Systeme vorgestellt:

- Istkostenrechnung auf Vollkostenbasis mit Exkursen zur Normalkosten-
  rechnung auf Vollkostenbasis (Kapitel 3),
- Istkostenrechnung auf Teilkostenbasis (Kapitel 4),
- Plankostenrechnung auf Vollkostenbasis (Kapitel 5),
- Plankostenrechnung auf Teilkostenbasis (Kapitel 5).

Übungsaufgaben zum 2. Kapitel

Aufgabe 2.1:

Die folgenden Geschäftsvorfälle sind in das unten aufgeführte Klassifikationsschema einzuordnen:

a) Ein Bauunternehmer erhält von seiner Bank eine Kreditzusage in Höhe von DM 500.000. Der Betrag wird seinem Girokonto gutgeschrieben.

b) Ein Handwerker verkauft eine ältere Maschine aus seinem Anlagevermögen für DM 10.000 bar, der Buchwert beträgt DM 0.

c) Ein Industrieunternehmen spendet DM 500 in bar an eine Institution zu wohltätigen Zwecken.

d) Das gleiche Unternehmen erwirbt für DM 80.000 Rohstoffe auf Ziel.

e) Von seinem Guthabenkonto hebt der Unternehmer DM 1.000 ab und legt den Geldbetrag in seine Kasse.

Fall:	a)	b)	c)	d)	e)
Einzahlung					
Einnahme					
Ertrag					
Leistung					
Auszahlung					
Ausgabe					
Aufwand					
Kosten					

Aufgabe 2.2:

Erläutern Sie den Unterschied zwischen dem wertmäßigen und dem pagatorischen Kostenbegriff.

Aufgabe 2.3:
Nennen Sie jeweils ein Beispiel für:

a) Betriebsfremde Aufwendungen, betriebsfremde Erträge

b) Außerordentliche Aufwendungen, außerordentliche Erträge

Aufgabe 2.4:
Ein Dozent bietet seinen Studenten eine *kostenlose* zusätzliche Unterrichtsstunde an. Warum ist diese Formulierung des Angebots - streng genommen - nicht richtig?

Aufgabe 2.5:
Nennen Sie ein Beispiel für eine Zusatzleistung.

Aufgabe 2.6:
Erläutern Sie die wesentlichen Unterschiede zwischen dem externen und dem internen Rechnungswesen.

Aufgabe 2.7:

Erklären Sie die folgenden Begriffe:

a) Sprungfixe Kosten

b) Leerkosten

c) Kostenstellengemeinkosten

d) Sondereinzelkosten des Vertriebs

e) Relative Einzelkosten

f) Normalkosten

g) Irrelevante Kosten

h) Sekundäre Kosten

Aufgabe 2.8:

Nach welchen Prinzipien können Gemeinkosten verteilt werden. Nennen und erläutern Sie diese.

Aufgabe 2.9:

Stellen Sie die nachfolgende Aussage richtig:

„Der Unterschied zwischen der Voll- und der Teilkostenrechnung besteht darin, daß in ersterer alle Kosten erfaßt werden, während in letzterer ein beliebiger Kostenteil nicht erfaßt wird."

3. Istkostenrechnung auf Vollkostenbasis

3.1 Kostenartenrechnung

3.1.1 Kontenrahmen und Kontenplan

Die Aufgabe der Kostenartenrechnung liegt in der systematischen Erfassung der in der Abrechnungsperiode angefallenen Kosten. Das zu errichtende System zur Kostenerfassung sollte eine möglichst vollständige, eindeutige und überschneidungsfreie Kostenerfassung ermöglichen. Unternehmen orientieren sich bei der Einführung ihres Kostenerfassungssystems häufig an Empfehlungen von Verbänden. So entwickelte der Bundesverband der Deutschen Industrie einen Gemeinschaftskontenrahmen der Industrie (GKR) sowie den Industriekontenrahmen (IKR), der den neueren Entwicklungen im Bilanzrecht Rechnung trägt.

Tabelle 3.1: GKR und IKR

Kontenklasse	Inhalt (GKR)	Inhalt (IKR)
0	Anlagevermögen und langfristiges Kapital	Immaterielle Vermögensgegenstände und Sachanlagen
1	Finanz- und Umlaufvermögen, kurzfristige Verbindlichkeiten	Finanzanlagen
2	Abgrenzungskonten vs. Finanz- und Betriebsbuchhaltung	Umlaufvermögen und aktive Rechnungsabgrenzungsposten (RAP)
3	Vorratsvermögen	Eigenkapital und Rückstellungen
4	Kostenarten	Verbindlichkeiten und passive RAP
5	Kostenstellen	Erträge
6	Kostenstellen	Betriebliche Aufwendungen
7	Kostenträger	Weitere Aufwendungen
8	Ertragskonten	Ergebnisrechnung
9	Eröffnungs- und Abschlußkonten	KLR incl. Abgrenzungsrechnung

Während der GKR nach dem Prozeßgliederungsprinzip aufgebaut ist, d. h. die Anordnung der Konten nach dem betrieblichen Produktionskreislauf erfolgt, ist der IKR nach dem Prozeß- und (Bilanz- und GuV-)Abschlußprinzip gestaltet. Innerhalb des GKR gehen die Finanzbuchhaltung und die KLR fließend ineinander über, sie bilden eine organisatorische Einheit (Einkreissystem). Im Rahmen des IKR werden die Finanzbuchhaltung und die KLR über getrennte Abschlußsysteme (Zweikreissystem) abgewickelt.

Grundsätzlich wird als **Kontenrahmen** eine allgemeine, vollständige Übersicht der im betrieblichen Rechnungswesen auftretenden Konten bezeichnet, während ein **Kontenplan** die unternehmensspezifische Ausgestaltung eines Kontenplans darstellt. In einem Kontenrahmen und -plan finden sich häufig mehrere Kriterien zur Kostendifferenzierung so. u. a. die Art des verbrauchten Produktionsfaktors (Stoffkosten, Löhne und Gehälter etc.), die betriebliche Funktion (Fertigungs- und Werbekosten) und die Art der Kostenerfassung (aufwandsgleiche und kalkulatorische Kosten).

Beispiel 3.1: Gliederung der Kosten in der Kontenklasse 4 (GKR-Auszug)

40-42: Stoffkosten und dgl.
...
410-411: Hilfsstoffe
...
420: Brenn- und Treibstoffe
43-44: Personalkosten und dgl.
...
431: Fertigungslöhne
...
439: Gehälter
45: Instandhaltung u. a.
...
455: Allgemeine Dienstleistungen
...
46: Steuern, Gebühren u. a.
...
47: Mieten, Verkehrs-, Büro-, Werbekosten und dgl.
...
477-478: Werbe- und Vertreterkosten
...
48: Kalkulatorische Kosten
...

Das Zusammenspiel der Finanzbuchhaltung und der KLR soll an nachfolgendem Beispiel (IKR) verdeutlicht werden.

Beispiel 3.2: Abgrenzungsrechnung

In einer Zahnradfabrik fielen im vergangenen Monat folgende Aufwendungen und Erträge, Kosten und Leistungen an (alle Angaben in DM):

1. Umsatzerlöse Fertigerzeugnisse: 12.275
2. Bestandserhöhung Fertigerzeugnisse: 155
3. Rohstoffverbrauch: 1.275
4. Löhne und Gehälter: 5.400
5. Abschreibungen (Finanzbuchhaltung): 248
   Abschreibungen (KLR): 193
7. Erträge aus Finanzanlagen: 20
8. Zinsaufwendungen: 197
   Kalkulatorische Zinsen: 237
10. Verlust aus dem Verkauf einer
    Anlage unter Buchwert: 6
11. Kalkulatorische Wagnisse: 22

Rechnungskreis 1		Rechnungskreis 2		
Finanzbuchhaltung		**Abgrenzung**	**KLR**	
Aufwand	Ertrag	Abgrenzung	Kosten	Leistungen
	12.275			12.275
	155			155
1.275			1.275	
5.400			5.400	
248		- 55	193	
	20	+ 20		
197		+ 40	237	
6		- 6	0	
0		+ 22	22	
7.126	**12.450**	**+ 21**	**7.127**	**12.430**
Gesamtgewinn GuV:		**Abgrenzungs-**	**Betriebsergebnis KLR:**	
5.324		**ergebnis: 21**	**5.303**	

Die Erfassung der Kosten erfolgt aus Gründen der Wirtschaftlichkeit nach dem Grundsatz der Einmalerfassung der Werteverzehre für die Finanzbuchhaltung und die KLR. Die Abgrenzungsrechnung dokumentiert die Abweichungen zwischen beiden Rechenwerken.

Die Kostenartenrechnung dient nicht nur als Datenlieferant für die Kostenstellen- und Kostenträgerrechnung, vielmehr kann Sie auch die Basis für kostenartenbezogene Planungen, Kontrollen und Analysen bilden. So lassen sich beispielsweise aus einem Zeit- oder auch Branchenvergleich der Kostenarten und ihrer Struktur wertvolle Erkenntnisse zur effizienten Steuerung des Betriebs gewinnen.

Im weiteren Verlauf werden ausgewählte Kostenarten vorgestellt. Im Vorfeld der Ausführungen zur Erfassung und Verrechnung sei an dieser Stelle nochmals daran erinnert, daß es sich bei der KLR um eine freiwillige Rechnung handelt. Ein hoher Grad an Genauigkeit in der Kostenerfassung und Verrechnung geht tendenziell einher mit einer hohen Kostenbelastung durch die KLR eines Unternehmens.

3.1.2 Erfassung und Verrechnung ausgewählter Kostenarten

3.1.2.1 Materialkosten

Die Erfassung der Materialkosten erfolgt in zwei Schritten. Zunächst werden die Verbrauchsmengen bestimmt und anschließend die Bewertung der Verbrauchsmengen vorgenommen.

Als Materialarten (Werkstoffe) werden gewöhnlich unterschieden:

- **Rohstoffe**, die direkt in das Erzeugnis eingehen und einen Hauptbestandteil darstellen, wie z. B. Holz in der Möbelindustrie. Rohstoffe werden üblicherweise als Einzelkosten verrechnet.
- **Hilfsstoffe**, die ebenfalls in das Erzeugnis eingehen, hierbei jedoch mengen- und wertmäßig Nebenbestandteil sind, beispielsweise Nägel, Lack oder Leim. Hilfsstoffe werden i. d. R. als unechte Gemeinkosten verrechnet (siehe Kapitel 2.3.2).
- **Betriebsstoffe** werden üblicherweise ebenfalls als Gemeinkosten verrechnet. Es handelt sich hierbei um Stoffe, die nicht direkt in das Pro-

dukt eingehen, im Rahmen der Produktion jedoch als Verbrauchsgüter anfallen. Beispiele für Betriebsstoffe sind Kühlmittel, Wasser, Strom.

Ferner existieren **Komponenten**, die als Endprodukte der Lieferanten ohne weitere Be- und Verarbeitung in das Erzeugnis eingehen (z. B. Bremsanlagen in der KFZ-Industrie) und **Waren**, die nicht nur im Handel eine Rolle spielen, sondern auch der Ergänzung des Angebots eines Industrieunternehmens dienen. Waren werden ohne weitere Be- oder Verarbeitung an den Kunden verkauft und ebenso wie Komponenten und Rohstoffe als Materialeinzelkosten verrechnet.

Die Ermittlung der Material-Verbrauchsmengen kann nach verschiedenen Methoden erfolgen, die nachfolgend vorgestellt werden.

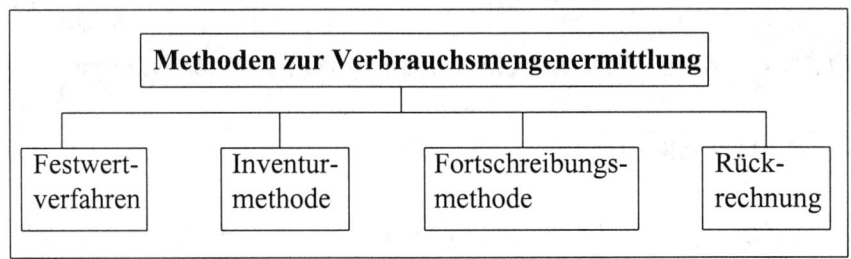

Abbildung 3.1: Ermittlung des Materialverbrauchs

Das **Festwertverfahren** unterstellt, daß der Materialzugang einer Periode mengenmäßig dem Materialverbrauch entspricht:

$$\text{Verbrauch} = \text{Materialzugang}.$$

Eine Bestandsführung ist hierbei nicht erforderlich, das einfache, aber möglicherweise ungenaue Verfahren findet häufig dann Anwendung, wenn gleichbleibende Mengen bei nahezu gleichbleibenden Beschaffungspreisen gelagert werden.

Die **Inventurmethode** ermittelt die Verbrauchsmenge, indem die Differenz aus Anfangsbestand und Endbestand zu den Zugängen addiert wird:

40

$$\text{Verbrauch} = \text{Anfangsbestand} + \text{Zugang} - \text{Endbestand.}$$

Die Methode erfaßt zwar den Materielverbrauch genau, weist jedoch zwei Probleme auf. Zum einen informiert sie nicht über den Anteil des Verbrauchs, der für die Leistungserstellung anfiel und den Umfang des anderen Anteils, der eine außerordentliche Bestandsminderung repräsentiert (Schwund, Diebstahl etc.), andererseits erfordert sie eine körperliche Bestandsaufnahme nach Ablauf einer jeden Periode.

Die **Fortschreibungsmethode** (Skontrationsmethode) wirkt den Mängeln der Inventurmethode entgegen, indem sowohl die Lagerzugänge als auch die Lagerabgänge erfaßt und die Lagerbestände buchmäßig fortgeschrieben werden. Der Verbrauch pro Periode oder pro Kalkulationsobjekt kann durch Addition der Entnahmemengen auf den Materialentnahmescheinen ermittelt werden:

$$\text{Verbrauch} = \text{Gesamte Entnahmemengen lt. Materialentnahmeschein.}$$

Der außergewöhnliche Verbrauch durch Diebstahl oder Schwund kann ermittelt werden, indem der Verbrauch gemäß Fortschreibungsmethode jenem laut Inventurmethode gegenübergestellt wird.

Im Rahmen der **Rückrechnung** (retrograde Methode) wird die Verbrauchsmenge aus der Anzahl der Erzeugnisse und vorliegenden Stücklisten, Rezepturen oder Konstruktionsplänen abgeleitet:

$$\text{Verbrauch} = \text{Anzahl Erzeugnisse} * \text{Sollverbrauchsmengen/Stück.}$$

Diese Methode geht von vorliegenden Sollverbrauchsmengen aus. Der nicht standardisierte Materialverbrauch (z. B. durch Ausschuß) wird nach dieser Methode nicht bestimmt.

Beispiel 3.3: Verbrauchsmengenermittlung

In einem Industrieunternehmen liegen folgende Informationen zu einer Materialart für die vergangene Periode vor:

01.01.1997: Anfangsbestand lt. Inventur: 120 kg

06.01.1997: Lagerzugang: 60 kg

12.01.1997: Lagerabgang: 90 kg

14.01.1997: Lagerabgang: 30 kg

16.01.1997: Lagerzugang: 75 kg

22.01.1997: Lagerabgang: 105 kg

31.01.1997: Endbestand lt. Inventur: 20 kg

Das Material wird ausschließlich zur Herstellung von einem Produkt verbraucht. In diesem Monat wurden hiervon 70 Stück hergestellt, pro Produkt werden 3 kg benötigt.

Der Verbrauch beträgt nach der ...

1. Inventurmethode: 120 kg + 135 kg - 20 kg = 235 kg.
2. Fortschreibungsmethode: 90 kg + 30 kg + 105 kg = 225 kg.
3. Rückrechnung: 70 * 3 kg = 210 kg.

Mögliche Gründe für das abweichende Ergebnis zwischen Inventur- und Fortschreibungsmethode sind Schwund, Diebstahl etc. Die Differenz von 15 kg zwischen der Fortschreibung und der Rückrechnung läßt sich ggf. dadurch erklären, daß Material entnommen und Ausschuß produziert wurde.

Auch an dieser Stelle zeigt sich die Unbestimmtheit des Kostenbegriffs. Einmal angenommen, das Produkt aus dem Beispiel 3.3 wird ausschließlich für einen Kunden gefertigt - welche Mengen sollen der Kalkulation der 70 Stück zugrunde gelegt werden? 210 kg, weil er nur diese erhielt oder 235 kg, weil die Leistungsbereitschaft des Unternehmens hinsichtlich dieses Produkts nur für diesen einen Kunden aufrechterhalten wird?

Die Anzahl der Alternativen zur Ermittlung der Materialkosten steigt, wenn neben der Mengen- auch die Wertkomponente der Kosten berücksichtig wird. Die Bewertung der Verbrauchsmengen kann nach den Istpreis-, dem Wiederbeschaffungspreis- oder dem Festpreisverfahren erfolgen. **Istpreisverfahren** basieren auf Anschaffungs- oder Einstandspreisen. Da diese jedoch meist keine Konstanz über einen längeren Zeitraum aufweisen, existieren mehrere Möglichkeiten zur Bewertung der aus unterschiedlichen Lieferungen stammenden Verbrauchsmengen.

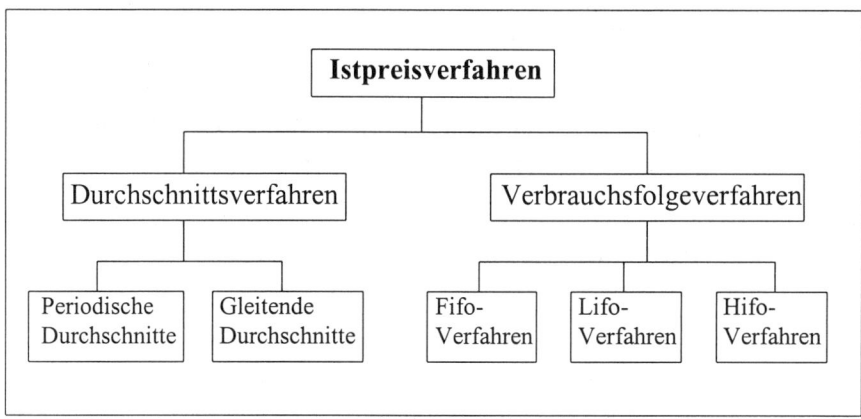

Abbildung 3.2: Wertansätze nach dem Istpreisverfahren

Wird der gesamte Materialverbrauch (Lagerabgang) einer Periode mit dem gewogenen arithmetischen Mittel der Preise aller Zugänge der Periode und dem Anfangsbestand bewertet, so liegt das Konzept der **periodischen Durchschnittspreise** vor. Beim Verfahren der **gleitenden Durchschnitte** erfolgt die Bestimmung des Durchschnittspreises nicht nach dem Ablauf einer Periode, sondern - gleitend - nach jedem Lagerzugang. Gegenüber dem Verfahren der periodischen Durchschnitte erhöht sich zwar der Rechenaufwand, allerdings verringert sich auch die Gefahr der Fehlkalkulation, speziell in stark inflationären Zeiten.

Beispiel 3.4: Durchschnittsverfahren zur Verbrauchsbewertung

Die folgenden Lagerbewegungen in einem Quartal liegen zu einer Materialart vor:

Datum	Vorgang	Menge	Preis je Stück (DM)
01.01.	Anfangsbestand	50 Stück	8
15.01.	1. Abgang	40 Stück	
20.01.	1. Zugang	30 Stück	10
17.02.	2. Abgang	20 Stück	
28.02.	2. Zugang	25 Stück	9
10.03.	3. Abgang	30 Stück	
15.03.	3. Zugang	35 Stück	11
31.03.	Endbestand	50 Stück	

Nach dem Verfahren der periodischen Durchschnitte werden alle Abgänge und der Endbestand mit einem Durchschnittspreis von: (50 * DM 8 + 30 * DM 10 + 25 * DM 9 + 35 * DM 11)/140 = DM 9,3571 bewertet. Insgesamt lag somit der bewertete Quartalsverbrauch bei DM 842,14.

Bei Anwendung des Verfahrens der gleitenden Durchschnitte resultiert die folgende Bewertung der einzelnen Verbrauchsmengen und des Endbestands:

Anfangsbestand: 50 Stück * DM 8,00 = DM 400,00
    Bewertung des 1. Abgangs: 40 Stück * DM 8,00 = **DM 320,00**
Bestand nach dem 1. Abgang: 10 Stück * DM 8,00 = DM 80,00
1. Zugang: 30 Stück * DM 10,00 = DM 300,00
Lagerbewertung: 40 Stück * DM 9,50 = DM 380,00
    Bewertung des 2. Abgangs: 20 Stück * DM 9,50 = **DM 190,00**
Bestand nach dem 2. Abgang: 20 Stück * DM 9,50 = DM 190,00
2. Zugang: 25 Stück * DM 9,00 = DM 225,00
Lagerbewertung: 45 Stück * DM 9,22 = DM 415,00
    Bewertung des 3. Abgangs: 30 Stück * DM 9,22 = **DM 276,67**
Bestand nach dem 3. Abgang: 15 Stück * DM 9,22 = DM 138,33
3. Zugang: 35 Stück * DM 11,00 = DM 385,00
Lagerbewertung Endbestand: 50 Stück * DM 10,47 = DM 523,33

Der Quartalsverbrauch betrug somit DM 786,67.

Unternehmen, die aus Gründen der Wirtschaftlichkeit den Materialverbrauch in der Kostenartenrechnung auf dem gleichen Wege wie in der Finanzbuchhaltung bestimmen, wenden zur Fixierung der Wertkomponente der Materialkosten häufig eines der im Rahmen der externen Rechnungslegung (u. U.) zulässigen Verbrauchsfolgeverfahren an. Als solche werden im weiteren Verlauf das Fifo-, Lifo- und Hifo-Verfahren vorgestellt.

Die zugrundeliegende Verbrauchsfolge-Annahme beim **Fifo-Verfahren** („**f**irst **i**n - **f**irst **o**ut") ist die, daß das zuerst eingegangene Material auch jenes ist, das zuerst verbraucht wird. Das Fifo-Verfahren kann während der Abrechnungsperiode laufend für jeden Materialverbrauch (permanentes Fifo) oder für alle Materialverbräuche einer Periode gemeinsam (Perioden-Fifo) angewendet werden.

Beispiel 3.5: Permanentes Fifo-Verfahren

Die einzelnen Lagerabgänge sind bei folgenden Lagerbewegungen zu bewerten:

Datum	Vorgang	Menge	Preis je Stück (DM)
01.01.	Anfangsbestand	50 Stück	8
15.01.	1. Abgang	40 Stück	
20.01.	1. Zugang	30 Stück	10
17.02.	2. Abgang	20 Stück	
28.02.	2. Zugang	25 Stück	9
10.03.	3. Abgang	30 Stück	
15.03.	3. Zugang	35 Stück	11
31.03.	Endbestand	50 Stück	

1. Abgang:	40 Stück * DM 8		= DM 320,00
2. Abgang:	10 Stück * DM 8		= DM 80,00
	10 Stück * DM 10		= DM 100,00
	20 Stück		= DM 180,00
3. Abgang:	20 Stück * DM 10		= DM 200,00
	10 Stück * DM 9		= DM 90,00
	30 Stück		= DM 290,00

Die für die Zwecke des Jahresabschlusses durchzuführende Bewertung des Lagerendbestands erfolgt in gleicher Weise. Die dem Verfahren unterstellte Verbrauchsfolge-Annahme ist für Materialien, die keinem stärkeren

Alterungsprozeß ausgeliefert sein dürfen (z. B. Lebensmittel) durchaus einleuchtend.

Das **Lifo-Verfahren** („last in - first out") unterstellt, daß die Materialien, die zuerst eingelagert wurden, jene sind, die zuletzt verbraucht werden. Auch dieses Verfahren, dessen Verbrauchsfolge z. B. bei Schüttgut plausibel erscheint, kann als permanentes oder als periodisches Lifo-Verfahren angewandt werden.

Beispiel 3.6: Permanentes Lifo-Verfahren

Folgende Lagerbewegungen liegen vor:

Datum	Vorgang	Menge	Preis je Stück (DM)
01.01.	Anfangsbestand	50 Stück	8
15.01.	1. Abgang	40 Stück	
20.01.	1. Zugang	30 Stück	10
17.02.	2. Abgang	20 Stück	
28.02.	2. Zugang	25 Stück	9
10.03.	3. Abgang	30 Stück	
15.03.	3. Zugang	35 Stück	11
31.03.	Endbestand	50 Stück	

Die einzelnen Lagerabgänge sind wie folgt zu bewerten:

1. Abgang:	40 Stück * DM 8	= DM 320,00
2. Abgang:	20 Stück * DM 10	= DM 200,00
3. Abgang:	25 Stück * DM 9	= DM 225,00
	5 Stück * DM 10	= DM 50,00
	30 Stück	= DM 275,00

Beim **Hifo-Verfahren** („highest in - first out") werden die Materialverbrauchsmengen unter der Annahme bewertet, daß die zum höchsten Preis beschafften Materialien zuerst verbraucht werden. Dieses Verfahren kann ebenfalls als permanentes oder als periodisches Hifo-Verfahren angewandt werden.

Beispiel 3.7: Permanentes Hifo-Verfahren

Die folgenden Lagerbewegungen liegen vor:

Datum	Vorgang	Menge	Preis je Stück (DM)
01.01.	Anfangsbestand	50 Stück	8
15.01.	1. Abgang	40 Stück	
20.01.	1. Zugang	30 Stück	10
17.02.	2. Abgang	20 Stück	
28.02.	2. Zugang	25 Stück	9
10.03.	3. Abgang	30 Stück	
15.03.	3. Zugang	35 Stück	11
31.03.	Endbestand	50 Stück	

Die einzelnen Lagerabgänge sind hierbei wie folgt zu bewerten:

1. Abgang:	40 Stück * DM 8	= DM 320,00
2. Abgang:	20 Stück * DM 10	= DM 200,00
3. Abgang:	10 Stück * DM 10	= DM 100,00
	20 Stück * DM 9	= DM 180,00
	30 Stück	= DM 280,00

Das Hifo-Verfahren entspricht im Ergebnis der Materialbewertung dem Lifo-Verfahren, sofern eine permanente Preissteigerung in der Beschaffung vorliegt, es entspricht im Resultat dem Fifo-Verfahren, wenn die Beschaffungspreise ständig sinken. In der Tabelle 3.2 ist der Materialverbrauch nach den unterschiedlichen Verfahren und unter Bezugnahme auf das gewählte Beispiel abschließend dargestellt.

Tabelle 3.2: Verbrauchsbewertung nach den Istpreisverfahren

Istpreisverfahren	Quartalsverbrauchs-Bewertung
Periodische Durchschnitte	DM 842,14
Gleitende Durchschnitte	DM 786,67
Permanentes Fifo-Verfahren	DM 790,00
Permanentes Lifo-Verfahren	DM 795,00
Permanentes Hifo-Verfahren	DM 800,00

Das Streben nach Erhalt der Kapitalsubstanz findet seine ideale Umsetzung, wenn anstelle historischer Beschaffungspreise **Wiederbeschaffungspreise** (als voraussichtliche Anschaffungspreise zum geplanten Wiederbeschaffungszeitpunkt) verwandt werden. Nur in diesem Falle kann sichergestellt werden, daß jener Wert in der Kalkulation zum Ansatz gelangt, der erforderlich ist, um das verbrauchte Material zu einem späteren Zeitpunkt wieder beschaffen zu können.

Beispiel 3.8: Verbrauchsbewertung zu Wiederbeschaffungspreisen

Ein Baumaschinenhändler kann aufgrund seiner noch geringen Kapitalausstattung immer nur einen Radlader, den er seinem Lieferanten bei Anschaffung sofort zu bezahlen hat, vorrätig halten. Der Einfachheit halber ermittelt der Händler seinen Verkaufspreis, indem er auf den Beschaffungspreis 20% Kosten- und Gewinnaufschlag kalkuliert. Zahlte er nun für das zur Zeit vorhandene Fahrzeug DM 70.000 und erfährt von einer dramatischen Preiserhöhung seines Lieferanten, der ab sofort DM 95.000 für ein solches Fahrzeug verlangt, so sollte er trotz des niedrigeren Beschaffungspreises den erhöhten aktuellen Wiederbeschaffungspreis seiner Kalkulation zugrundelegen, sofern dies der Markt zulässt. Anderenfalls riskiert er seine unternehmerische Existenz, da er nicht mehr imstande wäre, ein zur Vorführung notwendiges Fahrzeug aus den Mitteln des letzten Verkaufs anzuschaffen.

Da die Notwendigkeit zum Ansatz von Wiederbeschaffungswerten in erster Linie bei stark ansteigenden Beschaffungspreisen entsteht, andererseits jedoch in der Finanzbuchhaltung das Niederstwertprinzip (siehe *„Intensivtraining Bilanzen"*) zu beachten ist, führt die Anwendung des Prinzips zu einem zusätzlichen, ggf. auch unwirtschaftlichen Arbeitsaufwand. Gegen die Verwendung von Wiederbeschaffungspreisen spricht auch, daß häufig der Zeitpunkt der Wiederbeschaffung und der dann zu zahlende Preis nur schwer abschätzbar ist.

Die Bewertung des Materialverbrauchs kann zur Reduzierung des rechnerischen Aufwands auch zu Standard- oder Festpreisen erfolgen. Das in der betrieblichen Praxis häufig angewandte **Festpreisverfahren** führt bei starken Preisschwankungen zwangsläufig zum Ausweis von Differenzen zwischen den festen Verrechnungspreisen und den Einstandspreisen. Diese werden in den Betrieben häufig auf Preisdifferenzkonten erfaßt und anschließend pauschal in der Ergebnisrechnung berücksichtigt. Bei stärkeren Abweichungen folgt i. d. R. eine Anpassung der Verrechnungspreise.

3.1.2.2 Personalkosten

Basis für die Bestimmung der Personalkosten ist die Lohn- und Gehaltsabrechnung im Unternehmen. Zu den Personalkosten zählen alle durch den Einsatz von Arbeitnehmern entstehenden Kosten (mit Ausnahme des kalkulatorischen Unternehmerlohns):

- Lohnkosten,
- Gehaltskosten,
- Sozialkosten,
- Sonstige Personalkosten.

Während Löhne wöchentlich oder monatlich an Arbeiter gezahlt werden, beziehen Angestellte das Gehalt im Normalfall monatlich.

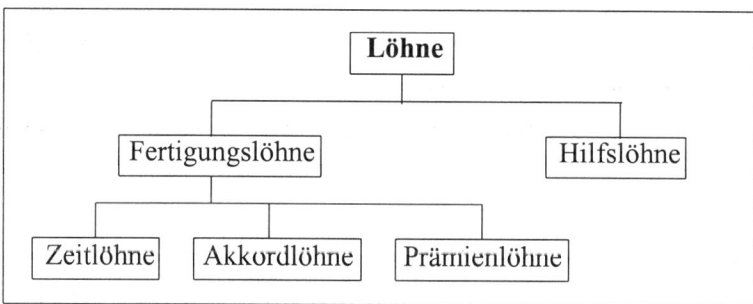

Abbildung 3.3: Lohnformen

Fertigungslöhne resultieren aus Arbeitsleistungen, die unmittelbar der Herstellung der Produkte dienen. Bei Gewährung eines **Zeitlohns** erfolgt die Entlohnung nach Dauer der Arbeitszeit des Mitarbeiters. Ohne Beachtung der erbrachten Arbeitsleistung wird der Lohn je Zeiteinheit (i. d. R. je Stunde) gezahlt.

Akkord- und Prämienlöhne stellen Leistungslöhne dar. Die Höhe eines Akkordlohns ist abhängig von der geleisteten Arbeitsmenge, ein Prämienlohn besteht aus einem leistungsunabhängigen Teil (Grundlohn) und einer Prämie (Mengenleistungs-, Güte-, Nutzungsgrad- oder Kostenersparnisprämie) als leistungsabhängigem Teil.

Hilfslöhne fallen für Arbeitsleistungen an, die nur mittelbar der Herstellung der Produkte dienen (z. B. der Lohn eines Betriebselektrikers oder die Löhne der Lagerarbeiter).

In der betriebswirtschaftlichen Literatur werden Fertigungslöhne häufig als Kostenträgereinzelkosten vorgestellt. Hilfslöhne werden als Gemeinkosten erfaßt und verrechnet.

Gehälter sind abrechnungtechnisch den Zeitlöhnen vergleichbar, sie stellen gleichfalls Kostenträgergemeinkosten dar.

Sozialkosten lassen sich in gesetzliche (z. B. Arbeitgeberanteil zur Sozialversicherung), tarifliche (z. B. Urlaubsgeld) und zusätzliche (z. B. freiwillige Zuwendung des Arbeitgebers bei Heirat des Mitarbeiters) differenzieren. Sozialkosten werden zumeist als Gemeinkosten geführt. Zur Ermittlung eines periodengerechten Ergebnisses in der KLR ist bei einem Teil der Sozialkosten (z. B. Urlaubsgeld) darauf zu achten, daß diese auf das ganze Jahr verteilt werden, obgleich sie nur in einem Monat ausgabewirksam werden.

Als **sonstige Personalkosten** werden alle weiteren durch die Rekrutierung, Beschäftigung und Freistellung von Mitarbeitern anfallenden Kosten, wie Umzugskostenbeteiligungen, Kosten für Zeitungsinserate, Abfindungen etc. als Gemeinkosten erfaßt und verrechnet.

3.1.2.3 Fremdleistungskosten

Fremdleistungskosten resultieren aus fremdbezogenen Dienstleistungen, wie z. B. Beratungs-, Reparatur- oder Transportleistungen. Zu dieser Kostenart zählen häufig auch Kosten für bestimmte Sachleistungen wie Wasser, Strom oder Gas, obwohl diese strenggenommen zu den Werkstoffkosten gehören.

Um dem Vergleichbarkeitspostulat gerecht zu werden, ist oftmals eine zeitliche Abgrenzung der Kosten vorzunehmen. So ist z. B. eine Versicherungsprämie, die zu Beginn eines Quartals bezahlt wird, auf die Monate zu verteilen, auf die sich der Versicherungsschutz bezieht. Sofern sie nicht Sondereinzelkosten repräsentieren, sind Fremdleistungskosten i. d. R. als Gemeinkosten zu führen.

3.1.2.4 Öffentliche Abgaben

Öffentliche Abgaben entstehen in den Formen der Steuern sowie der Gebühren, Beiträge und sonstigen Abgaben. Sie sind dann als Kosten zu erfassen, wenn sie in einem unmittelbaren Zusammenhang mit der betrieblichen Leistungserstellung stehen. Im Hinblick auf die Steuerzahlungen eines Unternehmens bedeutet dies, daß es sich beispielsweise bei der Kfz-Steuer oder der Grundsteuer um Kosten handelt, während Gewinnsteuern (Einkommensteuer, Körperschaftsteuer, Gewerbeertragsteuer), da sie an der Ergebnisverwendung und nicht an der Ergebnisentstehung ansetzen, nach herrschender Meinung nicht als Kosten erfaßt werden. Auch die Umsatzsteuer wird, wenn sie als durchlaufender Posten angesehen wird, nicht als Kostenposition behandelt. Liegen Kostensteuern vor, so gelten sie i. d. R. als Gemeinkosten.

Gebühren, wie z. B. Vermessungsgebühren, Beiträge (z. B. an Arbeitgeberverbände oder Kammern) und sonstige Abgaben sind ebenfalls im Regelfalle Gemeinkosten.

3.1.2.5 Kalkulatorische Abschreibungen

Die Wertminderung an den abnutzbaren Betriebsmitteln (Gebäude, Maschinen, KFZ etc.) in einer Periode vollzieht sich über die Reduzierung ihres Gesamtnutzungspotentials durch die Abgabe einer jeweiligen Periodenkapazität. Diese Wertminderung der Betriebsmittel wird in Form von Abschreibungen erfaßt.

Abschreibungen werden sowohl in der Finanzbuchhaltung als auch in der KLR verrechnet. Erstere, die sog. bilanziellen Abschreibungen, sind nicht Gegenstand dieses Bandes (siehe hierzu das „*Repetitorium Bilanzen*"). Den bilanziellen Abschreibungen stehen die kalkulatorischen der KLR gegenüber, sie erfassen lediglich die **planmäßigen** und **betriebsbedingten Wertminderungen** des abnutzbaren Anlagevermögens. Außerplanmäßige Abschreibungen für unerwartete Wertminderungen, z. B. durch außergewöhnliche Ereignisse wie Feuer oder Explosionen, stellen außerordentliche Aufwendungen (siehe Kapitel 2.1.4) dar und bleiben daher in der KLR außer Ansatz.

Unter der Voraussetzung, daß der Markt die im Verkaufspreis kalkulierten Abschreibungen vergütet, ist es dem Unternehmen möglich, die durch die Leistungserstellung bewirkten Wertminderungen an den Betriebsmitteln zu kompensieren („verdiente Abschreibungen") und diese hierdurch zum vorgesehenen Zeitpunkt neu zu beschaffen. Dieser Zusammenhang ist der Grund dafür, daß Abschreibungen in der Betriebswirtschaft nicht nur Gegenstand des Rechnungswesens, sondern auch Gegenstand der Teildisziplinen Investition (Mittelverwendung) und Finanzierung (Mittelbeschaffung) sind.

Zur Ermittlung der kalkulatorischen Abschreibung sind drei Variablen zu besetzen. Diese sind:

- der kalkulatorische Ausgangs- und Restwert,
- die Abschreibungsdauer,
- das Abschreibungsverfahren.

Der **kalkulatorische Ausgangswert** sollte dem Unternehmen die Substanzerhaltung über die verdienten Abschreibungen ermöglichen. Insofern wären bei einem erwarteten starken Preisanstieg der abzuschreibenden Betriebsmittel nicht die historischen Anschaffungskosten sondern der voraussichtliche Wiederbeschaffungswert zugrundezulegen. Auf die Problematik der Kalkulation auf Basis von Wiederbeschaffungswerten wurde bereits in Kapitel 3.1.2.1 hingewiesen, aus Wirtschaftlichkeitsgründen bestimmen Unternehmen die kalkulatorischen Abschreibungen häufig unter Verwendung der Anschaffungskosten.

Da mit den Abschreibungen dem tatsächlichen Werteverzehr Rechnung getragen wird, ist der Ermittlung des Abschreibungsbetrags dann ein **Restwert** zugrundezulegen, wenn davon ausgegangen werden kann, daß nach Ablauf der Nutzungsdauer durch die Vermarktung der Betriebsmittel ein Verkaufserlös erzielt werden kann.

Als **Nutzungsdauer** ist nicht die technisch mögliche, sondern die (i. d. R. kürzere) wirtschaftlich sinnvolle anzusetzen. Da diese bei Inbetriebnahme des Betriebsmittels nicht eindeutig bestimmt werden kann, orientieren sich Unternehmen häufig an den für die externe Rechnungslegung relevanten steuerrechtlichen AfA-Tabellen (**A**bsetzung **f**ür **A**bnutzung).

Eine Fehleinschätzung der Nutzungsdauer kann ähnlich einer falschen Beurteilung des wahrscheinlichen Wiederbeschaffungs- oder Restwerts dazu führen, daß Über- oder Unterverrechnungen entstehen. Bei Aufdeckung von Fehlprognosen sollten neue, ab dann für die Zukunft geltende Abschreibungsbeträge bestimmt werden.

Zur Ermittlung kalkulatorischer Abschreibungen ist ein **Abschreibungsverfahren** zu wählen, das die Wertminderung der Betriebsmittel möglichst verursachungsgerecht erfaßt, dabei können die in Abbildung 3.4 genannten Abschreibungsverfahren zur Anwendung gelangen.

In den folgenden Beispielen zu den unterschiedlichen Abschreibungsmethoden wird als kalkulatorischer Ausgangswert der Anschaffungswert des Betriebsmittels gewählt, alternativ könnte auch der prognostizierte Wiederbeschaffungswert zum Ansatz kommen.

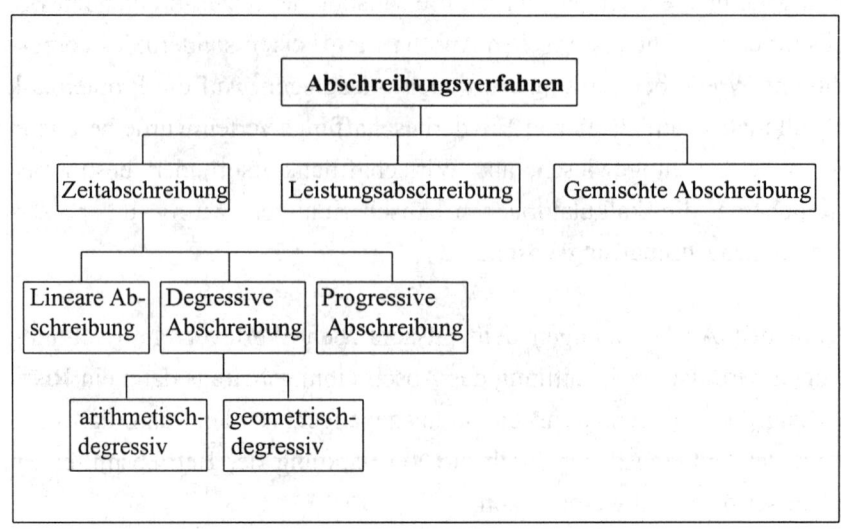

Abbildung 3.4: Abschreibungsverfahren

Die **lineare Zeitabschreibung** ist jene, die in der betrieblichen KLR wohl am häufigsten gewählt wird. Hierbei wird der gesamte Abschreibungsbetrag, der sich als Differenz von Ausgangswert (AW) und Restwert (RW) ergibt, gleichmäßig auf die einzelnen Rechnungsperioden der Nutzungsdauer (n) verteilt. Die lineare Zeitabschreibung unterstellt damit einen konstanten Werteverzehr während der Nutzungsdauer, die Abschreibungsbeträge der einzelnen Perioden (KA_t) ergeben sich über den Ansatz:

$$KA_t = \frac{AW - RW}{n} \qquad \text{mit } t = 0, 1, 2, 3, ..., n$$

Beispiel 3.9: Lineare Zeitabschreibung

Ein Gußunternehmen erwirbt eine Formstrecke zum Preis von DM 40.000. Man geht davon aus, daß man diese Anlage 5 Jahre wirtschaftlich sinnvoll nutzen und nach Ablauf der Nutzungsdauer zu DM 4.000 veräußern kann. Der jährlich konstante Abschreibungsbetrag beträgt:

$$KA_t = \frac{DM\,40.000 - DM\,4.000}{5} = DM\,7.200$$

Jahr (n)	Abschreibung im Jahr (KA_t in DM)	Restbuchwert zum Jahresende (RW_t in DM)
0		40.000
1	7.200	32.800
2	7.200	25.600
3	7.200	18.400
4	7.200	11.200
5	7.200	4.000

Die **degressive Abschreibung** wird gewählt, wenn im Verlaufe der Nutzungsdauer ein abnehmender Werteverzehr unterstellt werden kann, d. h. die Wertminderung zu Beginn der Nutzungsdauer größer ist als gegen Ende. Wenn auch den beiden Formen der degressiven Abschreibung im externen Rechnungswesen eine größere Bedeutung beizumessen ist als in der KLR, sollen sie nachfolgend kurz vorgestellt werden.

Bei der **geometrisch-degressiven Zeitabschreibung** wird mittels gleichbleibendem Prozentsatz vom jeweiligen Restbuchwert abgeschrieben. Die Abschreibungsbeträge nehmen über die Perioden der Nutzungsdauer in Form einer geometrischen Folge ab. Der konstante Abschreibungssatz (p) wird entweder vorgegeben oder ist bei erwünschtem Restwert rechnerisch zu bestimmen:

$$p = 1 - \sqrt[n]{\frac{RW}{AW}}$$

Da der geometrisch-degressiven Abschreibung eine unendliche geometrische Reihe zugrundeliegt, ist ein Restwert von Null nur über eine Sonderabschreibung im letzten Jahr der Nutzungsdauer möglich.

Die Abschreibungsbeträge für die einzelnen Perioden resultieren aus der Verwendung der folgenden Formel:

$$KA_t = RW_{t-1} \times p$$

Beispiel 3.10: Geometrisch-degressive Zeitabschreibung

Das aus dem o. g. Beispiel bekannte Gußunternehmen möchte die Formstrecke, die zum Preis von DM 40.000 erworben wurde, geometrisch-degressiv auf einen Restwert von DM 4.000 in 5 Jahren abschreiben, da man der Ansicht ist, daß diese Form der Abschreibung den auftretenden Werteverzehr am besten abbildet. Der konstante Abschreibungssatz beträgt:

$$p = 1 - \sqrt[5]{\frac{4.000}{40.000}} = 0{,}369 = 36{,}9\%$$

Damit ergeben sich die folgenden jährlichen Abschreibungsbeträge:

Jahr (n)	Abschreibung im Jahr (KA$_t$ in DM)	Restbuchwert zum Jahresende (RW$_t$ in DM)
0		40.000,00
1	14.760,00	25.240,00
2	9.313,56	15.926,44
3	5.876,86	10.049,58
4	3.708,30	6.341,28
5	2.339,93	4.000,00 *(4.001,35)*

Im Falle der **arithmetisch-degressiven Zeitabschreibung**, die auch als digitale Abschreibung bezeichnet wird, werden die Abschreibungsbeträge in jeder Periode um den gleichen Degressionsbetrag reduziert, d. h. die Abschreibungsbeträge bilden eine arithmetische Folge.

Der Degressionsbetrag (d) ergibt sich durch die Division des Abschreibungsbetrags durch die Summe der Jahresziffern der Nutzungsjahre:

$$d = \frac{AW - RW}{1 + 2 + 3 + \ldots + n} = \frac{AW - RW}{\dfrac{n(n+1)}{2}}$$

Der jährliche Abschreibungsbetrag wird durch Multiplikation des Degressionsbetrages mit den Jahresziffern in fallender Reihe bestimmt:

$$KA_t = d(n + 1 - t)$$

Beispiel 3.11: Arithmetisch-degressive Zeitabschreibung

Das Gußunternehmen möchte die Formstrecke, die zum Preis von DM 40.000 erworben wurde, arithmetisch-degressiv auf einen Restwert von DM 4.000 in 5 Jahren abschreiben. Der Degressionsbetrag beträgt:

$$d = \frac{40.000 - 4.000}{1 + 2 + 3 + 4 + 5} = \frac{40.000 - 4.000}{\frac{5(5 + 1)}{2}} = DM\,2.400$$

Damit ergeben sich die jährlichen Abschreibungsbeträge:

Jahr (n)	Abschreibung im Jahr (KA_t in DM)	Restbuchwert zum Jahresende (RW_t in DM)
0		40.000
1	12.000	28.000
2	9.600	18.400
3	7.200	11.200
4	4.800	6.400
5	2.400	4.000

Im Rahmen der **progressiven Zeitabschreibung** werden steigende Periodenabschreibungen verrechnet. In der ersten Periode der Nutzungsdauer wird der geringste, im letzten Jahr der höchste Abschreibungsbetrag verrechnet. Die Abschreibungsbeträge können analog dem oben gezeigten Vorgehen geometrisch oder arithmetisch ansteigen, in der Ermittlung sind die Beträge lediglich in umgekehrter Reihenfolge zu bestimmen. Diese Abschreibungsform ist in der betrieblichen Praxis äußerst selten anzutreffen (z. B. bei Betriebsmitteln, die bei einem wachsenden Unternehmen derzeit noch überdimensioniert sind oder bei denen erst in späterer Zeit mit angemessenen Erträgen zu rechnen ist).

Zeitabschreibungen sind im Regelfalle Kostenträgergemeinkosten, es sei denn, es handelt sich um Sondereinzelkosten (z. B. Zeitabschreibung für ein Werkzeug, das ausschließlich für eine Produktart benötigt wird). Zeitbezogene kalkulatorische Abschreibungen stellen zudem eine Fixkostenposition dar.

Im Unterschied zur Zeitabschreibung wird bei einer **Leistungsabschreibung** der Abschreibungsansatz entsprechend der jeweiligen Leistungsabgabe des Betriebsmittels in der Periode bestimmt. Pro Leistungseinheit (z. B. km bei einem KFZ oder Stück bei einer Produktionsanlage) wird jeweils ein gleich hoher Abschreibungsbetrag verrechnet. Voraussetzung für die Leistungsabschreibung ist die Prognose der gesamten Leistungsabgabe (L) des Betriebsmittels über die Nutzungsdauer.

Je Leistungseinheit (l) ist der folgende Abschreibungssatz zu verrechnen:

$$l = \frac{AW - RW}{L}$$

Der jährliche Abschreibungsbetrag ergibt sich durch Multiplikation des Abschreibungssatzes je Leistungseinheit mit der Periodenleistung (L_p):

$$KA_t = l \ * L_p$$

Die Problematik der leistungsabhängigen Abschreibung besteht in erster Linie darin, daß in der Praxis die Gesamtleistung eines Betriebsmittels und die Periodenleistung häufig nur sehr schwer prognostiziert werden können.

Beispiel 3.12: Leistungsabschreibung

Das Gußunternehmen erwarb die Formstrecke aufgrund eines Kundenauftrags zum Preis von DM 40.000.

Dieser orderte per Rahmenvertrag die folgenden Mengen/Jahr:

Jahr	Menge/Jahr
1	14.000 Stück
2	28.000 Stück
3	14.000 Stück
4	10.000 Stück
5	6.000 Stück
Gesamt	72.000 Stück

Da davon ausgegangen wird, daß die Anlage zu keinem anderen Zweck eingesetzt werden kann und nach 5 Jahren ein Liquidationserlös von DM 4.000,- erzielt wird, soll pro Stück ein Abschreibungssatz von:

$$l = \frac{40.000 - 4.000}{72.000} = DM\,0,50 \quad \text{verrechnet werden.}$$

Damit ergeben sich die jährlichen Abschreibungsbeträge:

Jahr (n)	Stückzahl/Jahr (L_p)	Abschreibung im Jahr (KA_t in DM)
1	14.000	7.000
2	28.000	14.000
3	14.000	7.000
4	10.000	5.000
5	6.000	3.000
Gesamt	72.000	36.000

Leistungsabschreibungen können ggf. als Einzelkosten verrechnet werden, sie stellen eine variable Kostenart dar.

Erfolgt die Kombination eines Zeitabschreibungsverfahrens mit der Leistungsabschreibung, so liegt eine **gemischte** (auch gespaltene oder gebrochene) **Abschreibung** vor.

Beispiel 3.13: Gemischte Abschreibung

Eine Spedition erwirbt einen neuen LKW zu einem Anschaffungspreis von DM 240.000. Da davon ausgegangen wird, daß der Werteverzehr zur Hälfte auf einem Zeitverschleiß und zur anderen Hälfte auf einem nutzungsbedingten Verschleiß beruht, werden 50% der Abschreibung zeitorientiert linear und 50% leistungsorientiert abgeschrieben. Die geplante Nutzungsdauer beträgt 5 Jahre, der Liquidationserlös wird mit DM 50.000 veranschlagt. Während der Nutzungsdauer (Jahr 1 - 5) wird von folgenden km-Leistungen ausgegangen: 70.000 km / 58.000 km / 64.000 km / 80.000 km / 28.000 km. Die Hälfte des Abschreibungsbetrages von (DM 240.000 - DM 50.000 =) DM 190.000 beträgt DM 95.000. Damit ergibt sich für den zeitorientierten Teil der Abschreibung ein jährlicher Betrag von DM 19.000. Bei der veranschlagten Laufleistung von 300.000 km resultiert ein Abschreibungssatz pro km von 0,3167 DM.

Die jährlichen Abschreibungsbeträge belaufen sich auf:

Jahr (n)	Zeitabschreibung/Jahr	Leistungsabschreibung im Jahr	Abschreibung im Jahr (KA_t)
1	DM 19.000	DM 22.166,67	DM 41.166,67
2	DM 19.000	DM 18.366,67	DM 37.366,67
3	DM 19.000	DM 20.266,67	DM 39.266,67
4	DM 19.000	DM 25.333,33	DM 44.333,33
5	DM 19.000	DM 8.866,67	DM 27.866,67
Gesamt	**DM 95.000**	**DM 95.000,00**	**DM 190.000,00**

Ergeben sich Unterschiede zwischen bilanziellen und kalkulatorischen Abschreibungen im Unternehmen, so stellen die kalkulatorischen Abschreibungen wegen des anderen Ansatzes der Mengen- und/oder Wertkomponente Anderskosten dar.

3.1.2.6 Kalkulatorische Zinsen

Im Unterschied zum eingesetzten Fremdkapital verursacht das im Unternehmen investierte Eigenkapital keinen Zinsaufwand. Gemäß des Opportunitätskostenprinzips resultiert jedoch aus dem Eigenkapitaleinsatz ein

Nutzenverzicht in Höhe der Zinsen die der Kapitaleigner bei anderweitiger Anlage hätte erzielen können. Dem wertmäßigen Kostenbegriff (siehe Kapitel 2.1.4) folgend, sind in der KLR Zinsen für das gesamte betriebsnotwendige Kapital anzusetzen.

> Betriebsnotwendiges Anlagevermögen
> + Betriebsnotwendiges Umlaufvermögen
> - Abzugskapital
> _____
> = **Betriebsnotwendiges Kapital**

Kalkulatorische Zinsen = Betriebsnotwendiges Kapital * Zinssatz

Nicht betriebsnotwendige Vermögenswerte, wie z. B. stillgelegte Anlagen, nicht betrieblich genutzte Grundstücke und Wertpapiere bleiben außer Ansatz. Ob die nicht in der Bilanz ausgewiesenen Vermögenswerte (stille Reserven) zum betriebsnotwendigen Vermögen zu zählen sind, ist in der betriebswirtschaftlichen Literatur umstritten, nachfolgend werden sie nicht berücksichtigt.

Das **betriebsnotwendige Anlagevermögen** ist zu trennen in einen nicht abnutzbaren (z. B. Grundstücke) und einen abnutzbaren Bereich (Gebäude, Büro- und Geschäftsausstattung etc.). Während die nicht abnutzbaren betriebsnotwendigen Anlagevermögenswerte in voller Höhe berücksichtigt werden, existieren mehrere Möglichkeiten zum Einbezug der abnutzbaren Vermögenswerte, von denen nachfolgend die Restwert- und Durchschnittswertverzinsung kurz erläutert werden.

- Im Rahmen der Restwertverzinsung ist nach Ablauf einer jeden Periode der kalkulatorische Restbuchwert (kalkulatorischer Ausgangswert minus bisherige Abschreibungen) der einzelnen Anlagevermögenswerte zu bestimmen.
- Die Durchschnittswertverzinsung geht über die Nutzungsdauer hinweg vom halben kalkulatorischen Ausgangswert unter Berücksichtigung eines eventuellen Restwerts aus: (AW+RW)/2.

Die Durchschnittswertverzinsung ist in der betrieblichen Praxis häufiger anzutreffen, ihre Handhabung ist einfacher, die einzelnen Perioden werden mit gleichhohen kalkulatorischen Zinsen belastet. Beide Verfahren gelangen zum gleichen Ergebnis über den gesamten Zeitraum der Nutzungsdauer, wenn - bei linearer Abschreibung - im Rahmen der Restwertverzinsung die mittleren jährlichen Restbuchwerte zugrundegelegt werden.

Beispiel 3.14: Restwert- und Durchschnittswertverzinsung

Ein Unternehmen kauft eine Anlage zum Preis von DM 120.000, welche über 5 Jahre linear auf einen Restwert von DM 20.000 abgeschrieben werden soll. Die Abschreibungen belaufen sich somit auf DM 20.000/Jahr. Die Restwertverzinsung unter Verwendung der mittleren Buchwerte/Jahr führt zu folgendem Ergebnis:

Jahr	Buchwert am Jahresanfang	Buchwert am Jahresende	Mittlerer Buchwert
1	DM 120.000	DM 100.000	DM 110.000
2	DM 100.000	DM 80.000	DM 90.000
3	DM 80.000	DM 60.000	DM 70.000
4	DM 60.000	DM 40.000	DM 50.000
5	DM 40.000	DM 20.000	DM 30.000
Mittlerer Buchwert über die gesamte Nutzungsdauer			**DM 70.000**

Das Ergebnis der Durchschnittswertverzinsung:

$$\frac{DM\,120.000 + DM\,20.000}{2} = DM\,70.000$$

Als **betriebsnotwendiges Umlaufvermögen** gehen die durchschnittlichen Bestände an Vorräten, Forderungen, flüssigen Mitteln und sonstigen betriebsnotwendigen Umlaufvermögenswerten in die Ermittlung ein.

Das betriebsnotwendige Anlage- und Umlaufvermögen ergeben in der Addition das betriebsnotwendige Vermögen. Hiervon wird zur Ermittlung des betriebsnotwendigen Kapitals das **Abzugskapital** subtrahiert. Es handelt sich hierbei um Fremdkapital, das dem Unternehmen zinslos zur Verfügung gestellt wird, z. B.:

- Kundenanzahlungen,
- zinsfreie Verbindlichkeiten aus Lieferungen und Leistungen,
- zinsfreie Darlehen anderer Kreditgeber.

Der zur Ermittlung der kalkulatorischen Zinsen verwandte **Zinssatz** kann als Mischzinssatz (gewichteter Zinssatz für die im betriebsnotwendigen Kapital gebundenen Fremd- und Eigenkapitalanteile) oder, wie in der betriebswirtschaftlichen Literatur häufig empfohlen, als der durchschnittliche Zinssatz für langfristige risikofreie Anlagen der vergangenen x Jahre zum Ansatz gelangen.

In der KLR großer Unternehmen wird jedoch durchaus auch ein höherer Zinssatz angesetzt, in solchen Fällen kann dem Kunden selbstverständlich ein Erzeugnis zu den mit seiner Herstellung verbundenen Kosten - „ohne Gewinnaufschlag" - verkauft werden.

Werden die Zinsen auf das bereitgestellte Eigenkapital in der beschriebenen Form, über die Ermittlung des betriebsnotwendigen Kapitals, als Kostenart erfaßt, so stellen sie Anderskosten dar, da als Aufwand lediglich die gezahlten Fremdkapitalzinsen berücksichtigt werden.

Erfolgt der Ansatz der Eigenkapitalzinsen in anderer Form, isoliert von den gezahlten Fremdkapitalzinsen, so stellen letztere Grundkosten und erstere Zusatzkosten dar.

In der Verrechnung sind die kalkulatorischen Zinsen i. d. R. fixe Gemeinkosten.

Beispiel 3.15: Ermittlung kalkulatorischer Zinsen

Für ein Industrieunternehmen sind die kalkulatorischen Zinsen für ein Geschäftsjahr zu bestimmen. Die folgenden Informationen liegen vor:

Position	Wert (in DM)	
Betrieblich genutzte Grundstücke	450.000	
Unbebautes Grundstück (aus spekulativer Absicht erworben)	200.000	
Betriebsgebäude	500.000	(Anschaffungswert)
	380.000	(derzeitiger Buchwert)
Betriebs- und Geschäftsaus-stattung	100.000	(Anschaffungswert)
	65.000	(derzeitiger Buchwert)
Vorräte	40.000	(derzeitiger Buchwert)
	30.000	(mittlerer Jahresbestand)
Forderungen aus Lieferungen und Leistungen	25.000	(derzeitiger Buchwert)
	40.000	(mittlerer Jahresbestand)
Wertpapiere (Spekulation)	15.000	(mittlerer Jahresbestand)
Kassenbestand	5.000	(derzeitiger Bestand)
	7.000	(mittlerer Jahresbestand)
Kundenanzahlungen	12.000	
Lieferantenverbindlichkeiten (ohne Skontogewährung)	130.000	
Zinsfreier Schwiegermutterkredit	100.000	

$$
\begin{array}{lr}
\text{Betriebsnotwendige Grundstücke:} & \text{DM } 450.000 \\
+ \text{ Betriebsgebäude (1/2 AW):} & \text{DM } 250.000 \\
\underline{+ \text{ Betr.u.G.-ausstattung (1/2 AW):}} & \underline{\text{DM } 50.000} \\
= \text{ Betriebsnotw. Anlagevermögen:} & \text{DM } 750.000 \\
+ \text{ Vorräte (durchschn.):} & \text{DM } 30.000 \\
+ \text{ Forderungen LuL (durchschn.):} & \text{DM } 40.000 \\
\underline{+ \text{ Kassenbestand (durchschn.):}} & \underline{\text{DM } 7.000} \\
= \text{ Betriebsnotwendiges Vermögen:} & \text{DM } 827.000 \\
\underline{- \text{ Abzugskapital:}} & \underline{\text{DM } 230.000} \\
= \textbf{Betriebsnotwendiges Kapital:} & \textbf{DM } \textbf{597.000}
\end{array}
$$

Kalkulatorischer Zins/Jahr (Zinssatz = 10%):
DM 597.000 * 0,1 = **DM 59.700**

3.1.2.7 Kalkulatorische Mieten

Kalkulatorische Mieten für Grundstücke, Gebäude oder sonstige Vermögenswerte, die zum Privatvermögen eines Unternehmers zählen und die dieser seinem Unternehmen unentgeltlich überläßt, können als Zusatz-

kosten berücksichtigt werden. Der Ansatz folgt dem Opportunitätskostenprinzip, die unentgeltliche Überlassung führt zu entgangenem Ertrag der
bei anderweitiger Vermietung der Vermögenswerte erzielbar wäre.

Sind die kalkulatorischen Mieten nicht auf einen Kostenträger direkt
zuzuordnen, so werden sie i. d. R. als fixe Gemeinkosten erfaßt und verrechnet.

3.1.2.8 Kalkulatorischer Unternehmerlohn

Auch im Falle des kalkulatorischen Unternehmerlohns kommt der Oppor-
tunitätskostengedanke zum Ansatz. Denn für die Arbeitsleistung, die ein
Einzelunternehmer oder der Gesellschafter einer Personengesellschaft in
seinem Unternehmen erbringt, kann ein kalkulatorischer Kostenbetrag angesetzt werden. Hierbei handelt es sich gleichfalls um Zusatzkosten, weil
für die Entlohnung von aktiven Gesellschaftern kein Personalaufwand im
externen Rechnungswesen angesetzt werden darf. Der kalkulatorische Betrag sollte mit dem durchschnittlichen Gehalt für eine Person in einer vergleichbaren Position in einem vergleichbaren Unternehmen kongruieren.

3.1.2.9 Kalkulatorische Wagnisse

Mit der unternehmerischen Tätigkeit geht eine Fülle von Risiken oder
Wagnissen einher. Neben dem allgemeinen Unternehmerwagnis in Form
von möglichen Nachfrageverlagerungen, aufkommendem starken Kon-
kurrenzdruck oder ungünstigen gesamtwirtschaftlichen Entwicklungen,
welches keine Berücksichtigung in der KLR findet, existieren spezielle
Einzelwagnisse, die Gegenstand der folgenden Ausführungen sind.

Werden einzelne Risiken unter Zahlung einer Prämie auf Versicherungs-
gesellschaften übertragen, so sind diese - da pagatorisch - als Fremdleistungskosten Bestandteil der Grundkosten und des Zweckaufwands
(z. B. das Feuer- oder Einbruch-/Diebstahlrisiko).

Im Falle von nicht versicherbaren oder nicht versicherten Risiken trägt das Unternehmen den möglichen Verlust. Der Ansatz kalkulatorischer Wagniskosten kann als Eigenversicherung des Unternehmens betrachtet werden, denn ihr Ansatz gleicht, ggf. auf längere Sicht, Mehraufwendungen oder Ertragseinbußen aus.

Wesentlich bei der Ermittlung von Wagniskosten ist die Festlegung der **Bezugsbasis**; als solche sollte eine Größe gewählt werden, die mit dem Einzelwagnis in unmittelbarem Zusammenhang steht und einfach bestimmbar ist.

Tabelle 3.3: Beispielhafte Einzelwagnisarten

Wagnisart	Ursache	Mögliche Bezugsbasis
Beständewagnis	Schwund, Verderb, Veralterung, Diebstahl, Einbruch, Brand etc.	Durchschnittlicher Wert des Lagerbestands
Gewährleistungswagnis	Eingegangene Garantieverpflichtungen	Höhe des mit einer Garantiezusage realisierten Umsatzes
Vertriebswagnis	Forderungsausfälle, Währungsverluste, Transportunfälle oder -schäden	Umsatz oder durchschnittlicher Bestand an Forderungen
Fertigungswagnis	Material- oder Konstruktionsfehler, Ausschuß	Fertigungskosten

Der **Wagnissatz** resultiert aus der Division des Werts der in den vergangenen Perioden eingetretenen Wagniskonkretisierungen und der Bezugsgröße. Die Wagniskosten ergeben sich als Produkt aus Wagnissatz und dem aktuellen Wert der Bezugsgröße.

Beispiel 3.16: Bestimmung der kalkulatorischen Wagniskosten

Ein Händler registriert folgende Forderungsausfälle in den vergangenen 5 Jahren:

1. Jahr: DM 65.000   2. Jahr: DM 78.000

3. Jahr: DM 49.000   4. Jahr: DM 52.000

5. Jahr: DM 63.000

Seine durchschnittlichen Außenstände/Jahr (Bezugsbasis) beliefen sich in diesen Perioden auf:

1. Jahr: DM 890.000   2. Jahr: DM 912.000

3. Jahr: DM 870.000   4. Jahr: DM 865.000

5. Jahr: DM 910.000

Dem gesamten Forderungsausfall von DM 307.000 stehen somit Forderungsbestände von DM 4.447.000 gegenüber, der Wagnissatz beträgt 6,9%. Zur Ermittlung der Wagniskosten des aktuellen Jahres ist der derzeitige Forderungsbestand von DM 980.000 mit dem Wagnissatz zu multiplizieren. Die Wagniskosten belaufen sich auf DM 67.620.

Hinsichtlich ihrer Erfassung und Verrechnung sind Wagniskosten überwiegend Gemeinkosten, teilweise auch Sondereinzelkosten im Hinblick auf einen Auftrag. In den meisten Fällen sind sie variable Kosten (so sind sie im letzten Beispiel abhängig von den Forderungen und somit auch von der Beschäftigung). Sind die in der Finanzbuchhaltung angefallenen Wagnisaufwendungen niedriger als die Wagniskosten, stellt die Differenz Anderskosten dar. Wagniskosten sind Zusatzkosten, sofern in der Finanzbuchhaltung keine Wagnisaufwendungen anfielen.

Grundsätzlich sind alle kalkulatorischen Kosten, speziell die Zusatzkosten, in der betriebswirtschaftlichen Literatur und der betrieblichen Praxis nicht unumstritten. Häufig werden sie als Gewinnbestandteile betrachtet, womit ihr Kostencharakter angezweifelt wird.

3.2 Kostenstellenrechnung

3.2.1 Aufgaben der Kostenstellenrechnung

Im Anschluß an die Kostenerfassung in der Kostenartenrechnung erfolgt die Zurechnung der Kosten auf die Orte ihrer Entstehung, die sog. Kostenstellen. Diese sind nach bestimmten, noch darzulegenden Kriterien isolierbare Teilbereiche eines Unternehmens.

Die Zurechnung der Kosten erfolgt dabei vor dem Hintergrund der folgenden Ziele:

- Ermittlung von Zuschlags- und Verrechnungssätzen im Vorfeld der Kalkulation;
- Kontrolle der Wirtschaftlichkeit des Betriebs sowie der einzelnen Betriebsteile.

3.2.2 Bildung von Kostenstellen

Bei der Bildung von Kostenstellen sind einige Grundsätze zu berücksichtigen. So ist darauf zu achten, daß eine Identität von Kostenstelle und Verantwortungsbereich vorliegt, ein verantwortlicher Kostenstellenleiter muß die Höhe der Kosten seiner Stelle beeinflussen können, er sollte nicht mit Kosten belastet werden, die er nicht zu vertreten hat. Die Kostenstellen sind eindeutig gegeneinander abzugrenzen, damit sich die Kosten möglichst eindeutig auf die Stellen ihrer Entstehung zuordnen lassen. Zudem hat die Bildung von Kostenstellen so zu erfolgen, daß sich jeweils Maßgrößen der Kostenverursachung auffinden lassen, nach Möglichkeit sollte eine eindeutige Beziehung zwischen den anfallenden Kosten und der in der Kostenstelle erstellten Leistung feststellbar sein. Schließlich ist bei der Kostenstellenbildung auf den Gesichtspunkt der Wirtschaftlichkeit zu achten, das Ausmaß der in der Kostenstellengliederung angewandten Differenzierung sollte wirtschaftlich vertretbar sein.

Mögliche Kriterien zur Abgrenzung einzelner Kostenstellen sind in erster Linie:

- **Abgrenzung nach betrieblichen Funktionsbereichen**
  Gleichartige Tätigkeiten werden hierbei zusammengefaßt, es resultieren z. B.: Materialstellen (Einkauf, Lager etc.), Fertigungsstellen (Dreherei, Gießerei, Arbeitsvorbereitung etc.), Verwaltungstellen (Rechnungswesen, Personal, Geschäftsführung usw.), Vertriebsstellen (Werbung, Verpackung und Versand etc.).

- **Abgrenzung nach Kostenträgeraspekten**
  Sofern das Unternehmen über Betriebsbereiche verfügt, welche nach der jeweiligen Produktart im Sinne einer divisionalen Struktur gegeneinander abgrenzbar sind, so kann dies auch eine weitere Orientierung zur Abgrenzung von Kostenstellen sein.

- **Räumliche Aspekte**
  Sind einem Unternehmen mehrere einzelne Werke oder Filialen an verschiedenen Standorten zuzuordnen, so kann dies ein weiterer sinnvoller Aspekt zur Abgrenzung von Kostenstellen sein. Dies gilt auch im Falle eines Fertigungsbetriebs für die einzelnen Werkstätten im Falle einer Werkstattfertigung.

Das Ergebnis der Kostenstellengliederung im Unternehmen ist der **Kostenstellenplan** (auch Kostenstellenverzeichnis) als individuelle, systematische, i. d. R. über mehrere Hierarchieebenen reichende Zusammenstellung aller Kostenstellenbereiche und Kostenstellen, die zumeist durch ein Nummernsystem gekennzeichnet sind.

Die Gliederungstiefe im Kostenstellenplan kann über verschiedene Ebenen von Kostenstellenbereichen (z. B. 2. Materialbereich oder 3. Fertigungsbereich) über Kostenstellengruppen (z. B. 2.1 Lager oder 3.2 Arbeitsvorbereitung) und Kostenstellen (2.1.3 Rohstofflager oder 3.2.1 Fertigungsplanung) bis zu Kostenplätzen (2.1.3.1 Edelmetallager oder 3.2.1.4 Fertigungsplanung „Treppengeländer") reichen.

Die genannten Gliederungskriterien und -aspekte führen zu verschiedenen Arten von Kostenstellen.

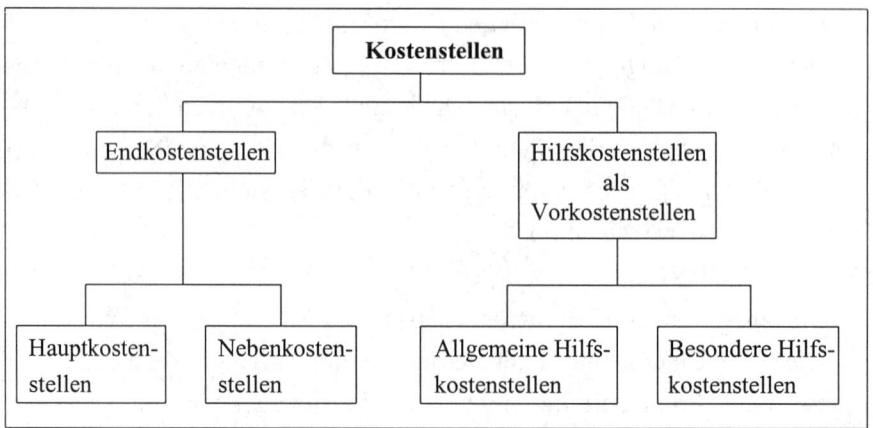

Abbildung 3.5: Kostenstellen

Haupt- und Nebenkostenstellen sind **Endkostenstellen**, d. h. beide sind direkt an der Erstellung und Verwertung der betrieblichen Leistung beteiligt. **Hauptkostenstellen**, hierzu zählen Material-, Fertigungs-, Verwaltungs- und Vertriebsstellen, sind unmittelbar an der Erzeugung der Produkte des Produktionsprogramms beteiligt. **Nebenkostenstellen** be- oder verarbeiten Nebenprodukte, wie z. B. Abfälle oder minderwertige Kuppelprodukte. **Hilfskostenstellen** sind Vorkostenstellen, d. h. daß ihre Aufgabe darin besteht, Leistungen an nachgeordnete Endkostenstellen zu erbringen, sie tragen nur mittelbar zur Gütererstellung bei. Als **Allgemeine Hilfskostenstellen** erbringen sie Leistungen für mehrere andere, teilweise auch alle anderen Kostenstellen. Beispiele hierfür sind die Gebäudeverwaltung, die Energieversorgung oder die Sanitätsstation. **Besondere Hilfskostenstellen**, wie z. B. die „Fertigungshilfskostenstelle Arbeitsvorbereitung" unterstützen nur bestimmte Kostenstellen (z. B. die Fertigungskostenstellen) bei deren Leistungserbringung. Die in Hilfskostenstellen entstehenden Kosten werden nicht direkt auf die Kostenträger verteilt, sondern im Rahmen der innerbetrieblichen Leistungsverrechnung zunächst auf die Hauptkostenstellen umgelegt. Die diesen dann zugerechneten Kosten stellen dort sekundäre Kosten dar (siehe Kapitel 2.3.5).

3.2.3 Durchführung der Kostenstellenrechnung

Die Durchführung der Kostenstellenrechnung kann in der Form einer kontenmäßigen Abrechnung, basierend auf dem System der doppelten Buchführung, erfolgen. Hierbei ist für jede Kostenstelle ein Konto einzurichten, welches im Soll die zugerechneten Kosten und im Haben die Entlastungen durch Verrechnung auf andere Kostenstellen oder -träger aufweist. Allerdings wird die kontenmäßige Abrechnung aufgrund der großen Anzahl der Buchungsvorgänge nur von wenigen Unternehmen realisiert. Häufiger anzutreffen ist die Durchführung der Kostenstellenrechnung in tabellarischer Form, wobei als organisatorisches Hilfsmittel der **Betriebsabrechnungsbogen „BAB"** verwandt wird. Im BAB werden zeilenweise die angefallenen Kostenarten und spaltenweise die eingerichteten Kostenstellen aufgeführt. Aufgrund der großen Anzahl von möglichen Kostenarten und Kostenstellen wird heutzutage der BAB nicht mehr manuell, sondern EDV-gestützt erstellt.

Kostenstellen / Kostenarten	Hilfskostenstellen				Hauptkostenstellen			
	H1	H2	H3	H4	H5	H8	H9	H10
Primäre Kosten	Verteilung der Kostenstelleneinzelkosten							
Primäre Kosten	Verteilung der Kostenstellengemeinkosten							
Sekundäre Kosten	Durchführung der innerbetrieblichen Leistungsverrechnung							
Addition der in den Kostenstellen angefallenen Gemeinkosten								
Ggf. Zuschlagsgrundlagen								
Ggf. Ermittlung von Zuschlagssätzen								

Abbildung 3.6: Aufbau eines Betriebsabrechnungsbogens

3.2.3.1 Verteilung primärer Gemeinkosten

In einem ersten Rechenschritt werden die primären Gemeinkosten aus der Kostenartenrechnung in die linke Spalte des BAB eingetragen und anschließend je Kostenart - zeilenweise - auf die Kostenstellen verteilt. Dies geschieht zunächst für die **Kostenstelleneinzelkosten** (siehe Kapitel 2.3.2), die direkt verteilt werden können, da sie einer Kostenstelle frei von Willkür zuzuordnen sind. In diesem Fall liegt eine **direkte Verteilung** vor, sie ist i. d. R. für folgende beispielhafte Kostenpositionen durchführbar: Gehalt der Kostenstellenleiter und anderer Mitarbeiter, sofern diese nur in einer Kostenstelle tätig sind; kalkulatorische Abschreibungen für solche Betriebsmittel die eindeutig einer Stelle zuzuordnen sind; kalkulatorische Zinsen für das betriebsnotwendige Kapital einer Kostenstelle; Fremdleistungskosten, Gemeinkostenmaterial (z. B. Büromaterial), etc., sofern die Kostenverursachung in einer bestimmten Kostenstelle erfolgte.

Anschließend wird die **indirekte Gemeinkostenverteilung** vorgenommen, hierbei ist der Ort der Kostenverursachung nicht eindeutig zu identifizieren. Die indirekte Verteilung der Kostenstellengemeinkosten erfolgt unter Verwendung von Verteilungsschlüsseln (Umlageschlüssel). Beispielhafte **Kostenstellengemeinkosten** und mögliche Schlüssel sind in der Tabelle 3.4 aufgeführt.

Tabelle 3.4: Kostenstellengemeinkosten und Verteilungsschlüssel

Kostenart	Möglicher Verteilungsschlüssel
Feuerversicherungsprämie	Versicherungssummen
Miete	Fläche in qm
Telefonkosten	Telefonanschlüsse
Kosten des Betriebssportgeländes	Mitarbeiteranzahl

In einigen Fällen verrechneter Kostenstellengemeinkosten ließen sich die Kosten durch die Ergreifung bestimmter Maßnahmen, wie Installation eines Strom- oder Gebührenzählers, als Kostenstelleneinzelkosten verrechnen, hiervon wird jedoch aus Wirtschaftlichkeitsgründen häufig abgesehen (echte und unechte Kostenstellengemeinkosten, siehe auch Kapitel 2.3.2).

Beispiel 3.17: Verteilung primärer Gemeinkosten

Der BAB eines Unternehmens weist für den Monat Mai die folgende Verteilung der Kosten auf die Kostenstellen auf (alle Angaben in TDM):

Primäre Gemeinkosten		Hauptkostenstellen			
Kostenart	Betrag	Material-kosten-stelle	Fertigungs-kosten-stelle	Verwal-tung	Vertrieb
Gehälter	140 →	30	60	30	20
Abschreibungen	70 →	10	45	12	3
Brennstoffe	40 →	5	25	8	2
Büromaterial	10 →	2	3	4	1
Versch. Kosten	21 →	11	0	6	4
Summe	**281** →	**58**	**133**	**60**	**30**

3.2.3.2 Verteilung sekundärer Gemeinkosten

Bislang wurden lediglich primäre Gemeinkosten verteilt. Im zweiten Rechenschritt erfolgt die Durchführung **der innerbetrieblichen Leistungsverrechnung**. Der Zweck der innerbetrieblichen Leistungsverrechnung besteht darin, die in Hilfskostenstellen entstehenden Kosten auf die deren Leistung empfangenden Hauptkostenstellen zu verrechnen. Auf diese Weise werden primäre Gemeinkosten der Hilfskostenstellen zu sekundären Gemeinkosten der Hauptkostenstellen.

Innerbetriebliche Leistungsverflechtungen können hinsichtlich ihrer Komplexität auf die nachstehenden Grundformen zurückgeführt werden:

1. **Einseitige, einstufige Leistungsabgabe an eine Kostenstelle**; eine Kostenstelle (z. B. die Arbeitsvorbereitung) erbringt Leistungen für eine andere Kostenstelle (für die einzige Fertigungsstelle des Betriebs) und nicht umgekehrt, der Leistungsstrom fließt nur in eine Richtung.

2. **Einseitige, einstufige Leistungsabgabe an mehrere Kostenstellen**; wie im Falle der Form 1 fließt der Leistungsstrom in eine Richtung, nun erbringt jedoch eine Kostenstelle (Arbeitsvorbereitung) Leistungen an mehrere andere Kostenstellen (5 Fertigungstellen).

3. **Einseitige, mehrstufige Leistungsabgabe**; der Leistungsstrom fließt in eine Richtung, erstreckt sich jedoch über mehrere Stufen der Leistungserstellung. Diese Grundform eines Leistungsgeflechtes liegt vor, wenn z. B. eine Hilfskostenstelle Leistungen an andere Hilfs- und Hauptkostenstellen erbringt.

4. **Gegenseitige Leistungsabgabe**; zwischen zwei oder mehreren Kostenstellen besteht ein gegenseitiges oder wechselseitiges Leistungsgeflecht. So könnte die Hilfskostenstelle Instandhaltung der Hilfskostenstelle Fuhrpark Leistungen erbringen und von dieser Leistungen empfangen.

Die Leistungsverrechnung bei den ersten beiden Grundformen ist trivial, die anteiligen Kosten der leistungsabgebenden Kostenstelle wird auf jene Kostenstelle(n) umgelegt, die diese Leistungen empfängt (empfangen).

Zur Verrechnung einer einseitigen, mehrstufigen Leistungsabgabe (3. Grundform) existieren mehrere Möglichkeiten, von denen nachfolgend das Blockumlageverfahren (Anbauverfahren) und das Stufenleiterverfahren (Treppenumlageverfahren) vorgestellt werden.

Anschließend wird das zur Verrechnung einer gegenseitigen Leistungsabgabe geeignete Gleichungsverfahren (4. Grundform) vorgestellt.

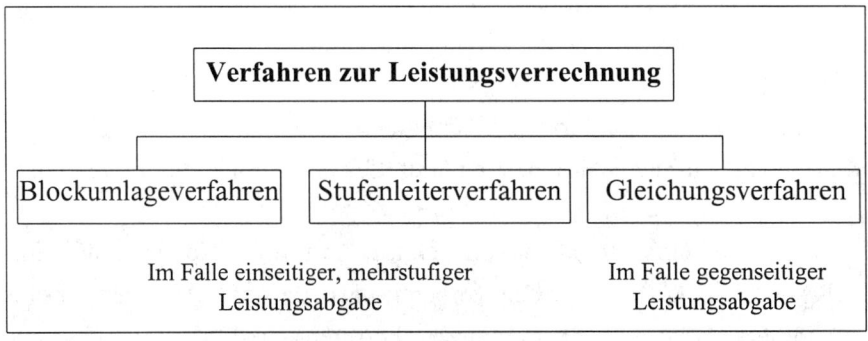

Abbildung 3.7: Verfahren zur innerbetrieblichen Leistungsverrechnung

74

Das **Blockumlageverfahren** ist einerseits anwendbar, wenn keine Leistungserbringung von Hilfskosten- an Hilfskostenstellen vorliegt oder wenn diese aufgrund ihrer relativ geringen Bedeutung vernachlässigt werden können. Demzufolge entstehen keine sekundären Gemeinkosten für die Hilfskostenstellen, sondern lediglich für Endkostenstellen. Zur Leistungsverrechnung sind zunächst Verrechnungssätze pro Leistungseinheit in den Hilfskostenstellen zu ermitteln, wobei die an andere Hilfskostenstellen abgegebenen Leistungen ignoriert werden:

$$\begin{array}{l}\text{Verrechnungs-}\\\text{satz pro Leistungs-}\\\text{einheit in einer} \quad = \quad \dfrac{\text{Summe der Gemeinkosten der Hilfskostenstelle}}{\text{Summe der an Endkostenstellen abgegebenen Leistungseinheiten}}\\\text{Hilfskostenstelle}\end{array}$$

Anschließend sind die in allen Hilfskostenstellen angefallenen Kosten nach dem Anteil der Leistungsinanspruchnahme der Endkostenstellen auf diese umzulegen.

Beispiel 3.18: Verteilung sekundärer Gemeinkosten (Blockumlage)

In einem Unternehmen existieren zwei Hilfskostenstellen (Hiko 1 und Hiko 2) sowie zwei Hauptkostenstellen (Hauko 1 und Hauko 2). Die dort angefallenen Primärkosten sowie die Leistungsabgaben (in Stunden) sind anschließend aufgeführt.

Kostenstelle	Hiko 1	Hiko 2	Hauko 1	Hauko 2
Angefallene Primärkosten	TDM 75	TDM 30	TDM 600	TDM 450

Empfangende Kostenstelle / Abgebende Kostenstelle	Hiko 1	Hiko 2	Hauko 1	Hauko 2
Hiko 1 leistete insgesammt 3.000 Stunden, hiervon gingen an:	-	600 Stunden	1.000 Stunden	1.400 Stunden
Hiko 2 leistete insgesammt 2.000 Stunden, hiervon gingen an:	200 Stunden	-	1.200 Stunden	600 Stunden

$$\text{Verrechnungssatz Hiko 1} = \frac{\text{DM 75.000}}{\text{2.400 Stunden}} = \text{DM 31,25/Stunde}$$

$$\text{Verrechnungssatz Hiko 2} = \frac{\text{DM 30.000}}{\text{1.800 Stunden}} = \text{DM 16,66/Stunde}$$

Da die Hauptkostenstelle 1 1.000 Stunden der Hilfskostenstelle 1 in Anspruch nahm, werden auf sie DM 31.250 Gemeinkosten zugerechnet. Anschließend werden auf sie DM 20.000 von der 2. Hilfskostenstelle umgelegt. Die Hauptkostenstelle 2 erhält eine Zurechnung von DM 43.750 wegen der Inanspruchnahme der ersten und DM 10.000 wegen der Inanspruchnahme der zweiten Hilfskostenstelle. Nach der Kostenstellenumlage zeigt der vereinfachte BAB die folgende Gestalt:

Kostenstelle	Hiko 1	Hiko 2	Hauko 1	Hauko 2
Primäre Kosten	DM 75.000	DM 30.000	DM 600.000	DM 450.000
Sekundäre Kosten			DM 51.250	DM 53.750
Summe der Gemeinkosten	-	-	**DM 651.250**	**DM 503.750**

Das gewählte Beispiel zum Blockumlageverfahren verdeutlicht noch einmal den grundsätzlichen Zweck der innerbetrieblichen Leistungsverrechnung. Da die Hauptkostenstellen mit allen Kosten, die durch sie verursacht worden sind, belastet werden sollen und Hilfskostenstellen die Aufgabe der innerbetrieblichen Leistungsunterstützung haben, ist das Resultat der Rechnung die vollständige Umlage aller Gemeinkosten der Hilfskostenstellen auf Hauptkostenstellen.

Diesen Zweck erfüllt das Verfahren zwar grundsätzlich jedoch nicht vollständig korrekt, denn das Ignorieren der Leistungsabgaben zwischen den Hilfskostenstellen führt zu ungenauen Ergebnissen. Hilfskostenstellen, die wertmäßig von anderen Hilfskostenstellen mehr empfangen als sie abgeben, erhalten einen zu niedrigen Verrechnungssatz zugeordnet, Hauptkostenstellen, auf die deren Kosten zugerechnet werden, werden damit nicht verursachungsgerecht, sondern zu gering belastet.

Das **Stufenleiterverfahren** versucht, diesen Nachteil auszuräumen, indem der Leistungsverbund zwischen den Hilfskostenstellen in der Form berücksichtigt wird, daß nachgelagerte Hilfskostenstellen entsprechend ihrer Leistungsinanspruchnahme von vorgelagerten Hilfskostenstellen belastet werden. Das Verfahren führt dann zu exakten Ergebnissen, wenn die Annahme der einseitigen Leistungsabgabe der Hilfskostenstellen auch mit der Realität übereinstimmt. Liegt jedoch, wie im Beispiel 3.18, eine gegenseitige Leistungsinanspruchnahme vor, führt die unzureichende Berücksichtigung des Leistungsgeflechts wiederum zu einem Verrechnungsfehler. Um diesen möglichst gering zu halten, werden die Hilfskostenstellen im BAB so geordnet, daß die vorderen Stellen möglichst wenig Leistungen von den folgenden Stellen empfangen.

Wiederum sind zur Leistungsverrechnung zunächst Verrechnungssätze in den Hilfskostenstellen zu ermitteln:

$$\text{Verrechnungssatz pro Leistungseinheit in einer Hilfskostenstelle} = \frac{\text{Primäre Gemeinkosten der Stelle + sekundäre Gemeinkosten aus vorgelagerten Hilfskostenstellen}}{\text{Summe der an nachgeordnete Kostenstellen abgegebenen Leistungseinheiten}}$$

Die Summe der an nachgeordnete Haupt- und Hilfskostenstellen abgegebenen Leistungseinheiten ergibt sich, indem von der Gesamtleistung der Hilfskostenstelle die Leistungsabgaben an vorgeordnete und ein ggf. vorliegender Eigenverbrauch in Abzug gebracht wird.

Beispiel 3.19: Eigenverbrauch einer Hilfskostenstelle

Die Hilfskostenstelle „Allgemeine Gebäudeverwaltung" verwaltet die in einem Betrieb vorhandene Fläche von 7.000 qm, die Stelle selbst verfügt hiervon über 200 qm. Erfolgt nun die Umlage der dort angefallenen Gemeinkosten, so ist bei der

Bestimmung des Verrechnungssatzes nicht durch 7.000 sondern durch 6.800 zu dividieren. Der Grund hierfür liegt darin, daß sich ihre interne Leistungserbringung für andere Kostenstellen lediglich auf 6.800 qm erstreckt.

Anschließend sind die in der jeweiligen Hilfskostenstellen angefallenen Kosten nach dem Ausmaß der Leistungsinanspruchnahme der nachgeordneten Kostenstellen umzulegen.

Beispiel 3.20: Verteilung sekundärer Gemeinkosten (Stufenleiterverfahren)
Die Verrechnungssatz der Hilfskostenstelle 1 im Beispiel 3.18 beträgt:

$$\text{Verrechnungssatz Hiko 1} \;=\; \frac{\text{DM 75.000}}{\text{3.000 Stunden}} \;=\; \text{DM 25/Stunde}$$

Demnach erhalten die nachgeordneten Stellen gemäß ihrer Leistungsinanspruchnahme folgende Kosten zugerechnet:

Kostenstelle	Hiko 1	Hiko 2	Hauko 1	Hauko 2
Primäre Kosten	DM 75.000	DM 30.000	DM 600.000	DM 450.000
Kostenumlage der Hiko 1	└──→	DM 15.000	DM 25.000	DM 35.000
Zwischensumme nach erster Umlage	-	**DM 45.000**	**DM 625.000**	**DM 485.000**

Im Anschluß werden die gesamten primären und nun auch sekundären Gemeinkosten der Hiko 2 auf die folgenden Kostenstellen verteilt. Hierbei wird der Sachverhalt vernachlässigt, daß Hiko 2 auch Leistungen für die Hiko 1 erbrachte.

$$\text{Verrechnungssatz Hiko 2} = \frac{\text{DM 45.000}}{\text{1.800 Stunden}} = \text{25 DM/Stunde}$$

Kostenstelle	Hiko 1	Hiko 2	Hauko 1	Hauko 2
Zwischensumme nach erster Umlage	-	DM 45.000	DM 625.000	DM 485.000
Kostenumlage der Hiko 2	-		DM 30.000	DM 15.000
Summe der Gemeinkosten			**DM 655.000**	**DM 500.000**

Das **Gleichungsverfahren** ist sicherlich das aufwendigste zur innerbetrieblichen Leistungsverrechnung. Es ist jedoch das einzige der drei Verfahren, das bei gegenseitiger Leistungsabgabe von Hilfskostenstellen zum korrekten Ergebnis führt.

In ein System linearer Gleichungen geht hierbei jede an der wechselseitigen Leistungserbringung beteiligte Hilfskostenstelle als Gleichung ein. Die durch das Gleichungssystem zu bestimmenden Variablen sind die Verrechnungssätze der genannten Stellen.

Die Gemeinkosten einer Hilfskostenstelle setzen sich aus primären und sekundären zusammen.

Gemeinkosten der Kostenstelle i (GK_i) = Primäre Kosten der Kostenstelle (PK_i) + Sekundäre Kosten der Kostenstelle (SK_i)

Da im Rahmen der innerbetrieblichen Leistungsverrechnung die Verrechnungssätze einer Kostenstelle stellvertretend für ihre Kosten stehen - d. h. die Stellen eines Unternehmens untereinander keinen Gewinn erzielen, sondern ihre Leistungen zu den ihnen entstandenen Kosten abgeben - ergibt sich für eine Hilfskostenstelle die folgende Gleichung:

Gemeinkosten der Kostenstelle i (GK_i) = Menge der von der Stelle i hergestellten Leistungseinheiten (x_i) * Verrechnungssatz der Kostenstelle i (p_i)

Die sekundären Kosten einer Hilfskostenstelle i ergeben sich aus dem mengenmäßigen Leistungsbezug von anderen Hilfskostenstellen (x_{ji}, mit j = 1, 2, 3, ..., n; jeweils erster Index für die leistende und zweiter Index für die empfangende Kostenstelle), der jeweils mit deren Verrechnungssatz (p_j) bewertet wird.

Sekundäre Ge- meinkosten der Kostenstelle i (SK_i)	=	Empfangene Leistungs- einheiten von der Kostenstelle j (x_{ji})	*	Verrechnungssatz der abgebenden Kostenstelle j (p_j)

Für n Hilfskostenstellen resultiert ein System mit n linearen Gleichungen:

$$p_1 * x_1 = PK_1 + x_{11} * p_1 + x_{21} * p_2 + x_{31} * p_3 + ... + x_{n1} * p_n$$
$$p_2 * x_2 = PK_2 + x_{12} * p_1 + x_{22} * p_2 + x_{32} * p_3 + ... + x_{n2} * p_n$$
$$p_3 * x_3 = PK_3 + x_{13} * p_1 + x_{23} * p_2 + x_{33} * p_3 + ... + x_{n3} * p_n$$

$$\cdot$$
$$\cdot$$
$$\cdot$$

$$p_n * x_n = PK_n + x_{1n} * p_1 + x_{2n} * p_2 + x_{3n} * p_3 + ... + x_{nn} * p_n$$

Zur Lösung des Gleichungssystems können die üblichen mathematischen Verfahren zum Einsatz gelangen (Einsetzungs- oder Additionsverfahren, Gaußscher Algorithmus etc.).

Nach der Bestimmung der Verrechnungssätze werden die Hauptkostenstellen nach dem Ausmaß ihrer Inanspruchnahme der Hilfskostenstellen belastet und alle Hilfskostenstellen entlastet.

Beispiel 3.21: Verteilung sekundärer Gemeinkosten (Gleichungsverfahren)
Das Gleichungssystem zur Bestimmung der Hilfskosten-Verrechnungssätze im Beispiel 3.18 lautet:

$$3.000 \ p_1 = DM \ 75.000 + 200 \ p_2$$
$$2.000 \ p_2 = DM \ 30.000 + 600 \ p_1$$

Die zur Anwendung des Additionsverfahrens notwendige Umformung der Gleichungen ergibt:

$$\text{DM } 75.000 = 3.000\,p_1 - 200\,p_2$$
$$\text{DM } 30.000 = -600\,p_1 + 2.000\,p_2$$

Die Multiplikation der ersten Gleichung mit einem geeigneten Faktor (hier mit 10) und die anschließende Addition der Gleichungen führt zu:

$$\text{DM } 750.000 = 30.000\,p_1 - 2.000\,p_2$$
$$\underline{\text{DM } 30.000 = -600\,p_1 + 2.000\,p_2}$$
$$\text{DM } 780.000 = 29.400\,p_1$$

Damit resultiert ein p_1 von ca. DM 26,53/Stunde und durch Einsetzen dieses Ergebnisses in eine Ausgangsgleichung ergibt sich ein p_2 von ca. DM 22,96/Stunde.

Der vereinfachte BAB hat nach der Verrechnung das folgende Aussehen (die Verrechnungssätze wurden mit allen Nachkommastellen kalkuliert) :

Kostenstelle	Hiko 1	Hiko 2	Hauko 1	Hauko 2
Primäre Kosten	DM 75.000	DM 30.000	DM 600.000	DM 450.000
Umlage der Hiko 1			DM 26.531	DM 37.143
Umlage der Hiko 2			DM 27.551	DM 13.775
Summe der Gemeinkosten	-	-	**DM 654.082**	**DM 500.918**

Die im Beispiel vorliegende Begrenzung auf lediglich zwei Hilfskostenstellen erleichtert die simultane Ermittlung der Verrechnungssätze beträchtlich. Dem häufig gegen das Verfahren eingewandten Argument der langwierigen Ermittlung im Falle zahlreicher Hilfskostenstellen steht der Gesichtspunkt gegenüber, daß das mehrseitige Leistungsgeflecht nur in dieser Form exakt aufgelöst werden kann. Zudem erleichtert die Leistungs-fähigkeit moderner DV-Systeme die Lösungsbestimmung beträchtlich.

Bei den Ausführungen zur Kostenstellenrechnung wurde bislang von einer vorliegenden Istkostenrechnung ausgegangen. Die innerbetriebliche Lei-stungsverrechnung im Falle der Normalkostenrechnung zeichnet sich da-durch aus, daß bereits während der Abrechnungsperiode die Kostenstellen mit **normalisierten Verrechnungspreisen** belastet werden. Diese ergeben sich als durchschnittliche Verrechnungspreise vergangener Perioden. So-fern nach Abschluß einer Periode im Rahmen der Ermittlung der Ist-Ver-rechnungssätze Unter- oder Überdeckungen festgestellt werden, werden diese direkt in die Kostenträgerzeitrechnung übernommen.

3.2.3.3 Ermittlung von Kalkulationssätzen

Nach der Verteilung sämtlicher Gemeinkosten auf die Haupt- bzw. End-kostenstellen, folgt die Bestimmung von Kalkulationssätzen, die zwei Auf-gaben erfüllen können:

- sie können der Weiterverrechnung der Gemeinkosten auf Kostenträger dienen;
- sie können als Hilfsmittel zur Kontrolle der Wirtschaftlichkeit der Kostenstelle verwandt werden, indem der Ist-Zuschlagsatz mit einer Maßgröße, z. B. einem Normal-Zuschlagsatz verglichen wird.

In allgemeiner Form wird ein Kalkulationssatz durch den folgenden Quotienten bestimmt:

$$\text{Kalkulationssatz} = \frac{\text{Gemeinkosten der Hauptkostenstelle}}{\text{Bezugsgröße der Hauptkostenstelle}}$$

Wird als Bezugsgröße eine Wertgröße (z. B. Material- oder Fertigungs-kosten) gewählt, so liegt ein **Zuschlagssatz**, bei Wahl einer Mengengröße (Fläche, Maschinenstunden etc.) liegt ein **Verrechnungssatz** vor. Als wertmäßige Bezugsgrößen für die unterschiedlichen Kostenstellen werden in der traditionellen KLR häufig bestimmt:

- für Materialkostenstellen, die Materialeinzelkosten zur Bestimmung des Materialgemeinkosten-Zuschlagssatzes;
- für Fertigungskostenstellen, die Fertigungseinzelkosten zur Ermittlung des Fertigungsgemeinkosten-Zuschlagssatzes;
- für Verwaltungs- und Vertriebsstellen, die Herstellkosten (als Summe aller Einzel- und Gemeinkosten ohne Verwaltungs- und Vertriebskosten siehe Kapitel 3.3) zur Bestimmung von Verwaltungsgemein- und Vertriebsgemeinkosten-Zuschlagssatz, da in diesen Kostenstellen üblicherweise keine Einzelkosten anfallen.

Grundsätzlich sollte darauf geachtet werden, daß eine Bezugsgröße zu bestimmen ist, die sich zu den jeweiligen Gemeinkosten proportional verhält, damit eine möglichst verursachungsgerechte Verteilung der Gemeinkosten erreicht wird.

Während die Ermittlung und Verrechnung von Zuschlagssätzen in der Kostenträgerstückrechnung Gegenstand des Kapitels 3.3 ist, soll die Funktion der Zuschlagssätze als Kontrollinstrument in der Kostenstellenrechnung anhand des nachstehenden Beispiels verdeutlicht werden.

Beispiel 3.22: Zuschlagssätze als Kontrollinstrument

In einem Industrieunternehmen fielen im abgelaufenen Monat nach der Durchführung der innerbetrieblichen Leistungsverrechnung die folgenden Kosten in den Hauptkostenstellen an:

Hauptkostenstelle	Gemeinkosten	Einzelkosten
Fertigungsstelle 1	TDM 5.120	TDM 9.000 (Löhne)
Fertigungsstelle 2	TDM 6.225	TDM 8.500 (Löhne)
Fertigungsstelle 3	TDM 2.080	TDM 4.000 (Löhne)
Materialstelle	TDM 1.590	TDM 38.500 (Material)
Verwaltung	TDM 5.905	-
Vertrieb	TDM 6.080	-

Bei der Ermittlung der Zuschlagssätze dienen die angefallenen Einzelkosten der Kostenstellen als Bezugsgröße. In der Verwaltungs- und Vertriebskostenstelle werden jeweils die Herstellkosten als Basis verwandt. Diese belaufen sich auf DM 75.015,- (alle Fertigungs- und Materialeinzel- und -gemeinkosten). Die Ist-Zuschlagsätze werden nach ihrer Ermittlung zur Kostenkontrolle mit den Normal-Zuschlagsätzen verglichen.

Hauptkostenstelle	Ist-Zuschlagssatz	Normal-Zuschlagssatz
Fertigungsstelle 1	56,89%	58,00%
Fertigungsstelle 2	73,24%	75,00%
Fertigungsstelle 3	52,00%	48,00%
Materialstelle	4,13%	3,00%
Verwaltung	7,87%	9,00%
Vertrieb	8,11%	7,00%

Ausgehend von den Ist- und Normalkosten-Zuschlägen lassen sich relative Über- bzw. Unterdeckungen ermitteln und analysieren:

- während eine Überdeckung (Ist-Zuschlag abzgl. Normal-Zuschlag < 0) als Ergebnisverbesserung gewertet wird, so z. B. in allen Fertigungsstellen,
- stellen Unterdeckungen (Ist-Zuschlag abzgl. Normal-Zuschlag > 0) Ergebnisverschlechterungen dar, so beispielsweise in der Materialstelle.

3.3 Kostenträgerrechnung

Als letzte Stufe des Abrechnungsgangs der KLR folgt die Kostenträgerrechnung. Hierbei sind zwei Teilbereiche zu differenzieren, die Kostenträgerstückrechnung (Kalkulation) und die Kostenträgerzeitrechnung (Betriebsergebnisrechnung, kurzfristige Erfolgsrechnung).

Tabelle 3.5: Aufgaben der Kostenträgerrechnung

Kostenträgerrechnung		
Bereich	**Kostenträgerstückrechnung**	**Kostenträgerzeit-rechnung**
Bezug	Stückbezug	Periodenbezug
Aufgaben	Preiskalkulation, Bestimmung von Preisuntergrenzen, Ermittlung von Verrechnungspreisen, Bewertung von Halb- und Fertigfabrikaten	Bestimmung der Periodenkosten, Ermittlung und Analyse des Periodenerfolgs

Die Bewertung von Halb- und Fertigfabrikaten stellt einen weiteren Berührungspunkt mit der Finanzbuchhaltung dar. Bei der Übernahme der Bewertungssätze ist jedoch u. a. darauf zu achten, daß zur Bewertung der Bestände im externen Rechnungswesen nicht-pagatorische Kosten aus handels- und steuerrechtlicher Sicht nicht zum Ansatz gelangen dürfen.

3.3.1 Kostenträgerstückrechnung

Als Kostenträger eines Betriebs lassen sich das einzelne abgesetzte oder noch abzusetzende Erzeugnis (als Haupt- oder Nebenprodukt), Halbfabrikate, Aufträge, aber auch selbsterstellte Anlagen und Einrichtungen identifizieren. Die Kalkulationsformen können dabei nach mehreren Kriterien unterschieden werden, so u. a. nach dem Zeitpunkt der Rechnung, dem Umfang der Kostenzurechnung sowie der Art der Produktion.

Nach ihrem Zeitbezug wird die Kalkulation als Vor-, Zwischen- oder Nachkalkulation durchgeführt. Während die **Vorkalkulation** der Entscheidungsvorbereitung dient, beispielsweise hinsichtlich der Auftragsannahme oder -ablehnung, bestimmt die **Nachkalkulation** ex post z. B. die für einen Kostenträger angefallenen Ist-Kosten zu Kontrollzwecken. Die **Zwischenkalkulation** dient der einstweiligen Erfolgskontrolle und wird bei langfristigen Produktionsprozessen (z. B. im Anlagenbau) durchgeführt.

Das Kriterium des Umfangs der Kostenzurechnung wurde bereits in Kapitel 2.4 angesprochen. Im Rahmen einer **Vollkostenkalkulation** werden sämtliche, bei einer **Teilkostenkalkulation** nur ein bestimmter Teil der Kosten auf die Kostenträger verrechnet.

Die Produktionsart bestimmt wesentlich die Form der Kalkulation. Von den zahlreichen Verfahren, die in der betrieblichen Praxis zum Einsatz gelangen, werden nachfolgend lediglich die wichtigsten **Kalkulationsformen von Industriebetrieben** vorgestellt. Diese sind zum großen Teil - wenn auch in einigen Fällen mit geringfügigen Modifikationen - gleicherweise in anderen Wirtschaftsbereichen anzutreffen.

Tabelle 3.6: Fertigungsart und Kalkulationsform

Fertigungsart	Beschreibung	Beispiel	Kalkulationsform
Einzelfertigung	Verschiedenartige Produkte werden (in einem mehrstufigen Prozeß) hergestellt	Spezialanlagenbau	Zuschlagskalkulation
Serienfertigung	Herstellung verschiedener Produkte in einer jeweils begrenzten Anzahl	PKW-produktion	u. a. Zuschlagskalkulation
Sortenfertigung	Herstellung einiger weniger Produkte, die zu einer Gütergattung zählen	Bierproduktion	u. a. Äquivalenzziffernrechnung
Massenfertigung	Einheitliche Erzeugnise werden (mehrstufig) in großen Mengen hergestellt	Strom- oder Zigarettenproduktion	Divisionskalkulation
Kuppelproduktion	Aus einem Produktionsprozeß resultieren mehrere Produktarten	Produktion von Heizöl und Benzin	Restwert- oder Verteilungsrechnung

Die genannten Kriterien zur Differenzierung der Kalkulationsformen werden im Einzelfall, abhängig vom jeweiligen Rechnungszweck, kombiniert. So kann z. B. im Rahmen einer Vorkalkulation eine Divisionskalkulation auf Vollkostenbasis oder zu Kontrollzwecken eine Zuschlagskalkulation auf Grundlage von Vollkosten angewendet werden. Im weiteren Verlauf sind zunächst die durch die zugrundeliegende Fertigungsart bestimmten Kalkulationsformen auf Vollkostenbasis vorzustellen.

3.3.1.1 Zuschlagskalkulation

Eine wesentliche Voraussetzung zur Durchführung der Zuschlagskalkulation ist die Trennung von Einzel- und Gemeinkosten. Die Abbildung 2.5 verdeutlicht das Prinzip dieser Kalkulationsform. Während die Einzelkosten den Kostenträgern nach dem Verursachungsprinzip direkt aus der Kostenartenrechnung zugerechnet werden, erfolgt die Belastung mit Gemeinkosten über die in der Kostenstellenrechnung ermittelten Gemeinkosten-Zuschlagssätze (siehe hierzu auch Kapitel 3.2.3.3).

In Abhängigkeit des erwünschten und/oder erforderlichen Grades an Genauigkeit kann die Zuschlagskalkulation summarisch, differenzierend oder unter Verwendung von Stundensätzen angewandt werden.

Im Rahmen der **summarischen Zuschlagskalkulation** werden die gesamten Gemeinkosten einer Abrechnungsperiode mit einem einzigen Zuschlagssatz auf die Einzelkosten verrechnet.

$$\text{Gemeinkosten-Zuschlagssatz} = \frac{\text{Gemeinkosten}}{\text{Einzelkosten}}$$

Die Stückkosten der einzelnen Produkte ergeben sich durch Addition der Einzelkosten und des pauschalen Gemeinkosten-Zuschlags.

Da diese Form der Zuschlagskalkulation keine kostenstellenspezifische Gemeinkostenzurechnung vornimmt, erfordert sie keine Kostenstellenrechnung. Dem Vorteil der einfachen Handhabung steht der Nachteil der fehlenden verursachungsgerechten Gemeinkostenverteilung (siehe auch Kapitel 3.2.3.3) gegenüber. Die pauschale Verrechnung der Gemeinkosten schließt die durch das Verfahren bestimmten Bewertungssätze zur Verwendung in der handels- und steuerrechtlichen Bewertung aus.

Beispiel 3.23: Summarische Zuschlagskalkulation

Ein Unternehmen fertigt vier unterschiedliche Produkte P_1 - P_4, hierfür fielen im vergangenen Monat folgende Einzelkosten an:

Produkt	P_1	P_2	P_3	P_4
angefallene Einzelkosten	DM 12.000	DM 14.000	DM 17.000	DM 13.000
Produktionsmenge (Stück)	2.000	7.000	11.000	3.000

Die gesamten Gemeinkosten beliefen sich in diesem Abrechnungszeitraum auf DM 14.000.

$$\text{Gemeinkosten-Zuschlagssatz} = \frac{\text{DM } 14.000}{\text{DM } 56.000} = 25\%$$

Die Kalkulation führt zu folgenden Stückkosten der einzelnen Produkte:

Produkt	P_1	P_2	P_3	P_4
angefallene Einzelkosten	DM 12.000	DM 14.000	DM 17.000	DM 13.000
Gemeinkosten-Zuschlag	DM 3.000	DM 3.500	DM 4.250	DM 3.250
Produktionsmenge (Stück)	2.000	7.000	11.000	3.000
Stückkosten	DM 7,50	DM 2,50	DM 1,93	DM 5,42

Bei der **differenzierenden Zuschlagskalkulation** werden die Gemeinkosten nach den unterschiedlichen Kostenstellen des Betriebs differenziert verrechnet. Für jede Kostenstelle werden gesonderte Zuschlagsbasen und

Zuschlagssätze bestimmt, wobei in der traditionellen KLR insbesondere für die Material-, Fertigungs-, Verwaltungs- und Vertriebsstellen die Gemeinkosten gesondert ausgewiesen und Zuschlagssätze ermittelt werden (siehe auch Kapitel 3.2.3.3).

Tabelle 3.7: Grundschema der differenzierenden Zuschlagskalkulation

Materialeinzel-kosten (MEK)	Materialkosten (MK)	Herstellkosten (HK)	Selbstkosten (SK)
Materialgemein-kosten (MGK)			
Fertigungseinzel-kosten (FEK)	Fertigungskosten (FK)		
Fertigungsgemein-kosten (FGK)			
Sondereinzelkosten der Fertigung (SEKF)			
Verwaltungsgemeinkosten (VwGK)			
Vertriebsgemeinkosten (VtGK)			
Sondereinzelkosten des Vertriebs (SEKV)			

Sowohl die Verwaltungs- als auch die Vertriebsgemeinkosten beziehen sich jeweils auf die **Herstellkosten** als Bezugsbasis. Die Herstellkosten sind inhaltlich mit den **Herstellungskosten** des externen Rechnungswesens nicht identisch, so dürfen u. a. in letzteren keine kalkulatorischen Kosten, wohl aber anteilige Verwaltungsgemeinkosten enthalten sein.

Das Grundschema ist durchaus erweiterbar, häufig werden mehrere Fertigungskostenstellen - mit der Folge separater Zuschlagssätze - integriert.

Beispiel 3.24: Differenzierende Zuschlagskalkulation

Ein Unternehmen hat einen Auftrag zu kalkulieren. Hierzu werden die in der Kostenstellenrechnung ermittelten Ist-Gemeinkosten-Zuschlagssätze verwandt:

Materialgemeinkosten-Zuschlagssatz: 17%
Fertigungsgemeinkosten-Zuschlagssatz in der

... Fertigungsstelle 1:   98%
... Fertigungsstelle 2:   83%
... Fertigungsstelle 3:   88%
Verwaltungsgemeinkosten-Zuschlagssatz: 34%
Vertriebsgemeinkosten-Zuschlagssatz: 26%

Zudem werden die folgenden Einzelkosten des Auftrags bestimmt:

Materialeinzelkosten (Rohstoffe):   DM 250.000
Fertigungseinzelkosten (Löhne)
... in der Fertigungsstelle 1:   DM   80.000
... in der Fertigungsstelle 2:   DM 140.000
... in der Fertigungsstelle 3:   DM   60.000
Sondereinzelkosten der Fertigung
(Spezialwerkzeug):   DM   25.000
Sondereinzelkosten des Vertriebs
(Verpackung):   DM   2.500

Die Kalkulation ist in der folgenden Tabelle dargestellt:

Kostenart	Zuschlagssatz	Höhe der Kosten
MEK		DM 250.000
MGK	17%	DM 42.500
FEK 1		DM 80.000
FGK 1	98%	DM 78.400
FEK 2		DM 140.000
FGK 2	83%	DM 116.200
FEK 3		DM 60.000
FGK 3	88%	DM 52.800
SEKF		DM 25.000
Herstellkosten		**DM 844.900**
VwGK	34%	DM 287.266
VtGK	26%	DM 219.674
SEKV		DM 2.500
Selbstkosten		**DM 1.354.340**

Zur Unterbreitung eines Angebotspreises können die Selbstkosten um einen Gewinnaufschlag erhöht werden.

Diese Form der Zuschlagskalkulation ist zwar wesentlich aufwendiger, sie kommt jedoch dem Anspruch der verursachungsgerechten Gemeinkostenschlüsselung auch etwas näher.

Der Hauptkritikpunkt an der Zuschlagskalkulation richtet sich an den gewählten Bezugsgrößen aus. Denn zwischen den Gemeinkosten und den jeweils gewählten Verteilungsbasen bestehen nur selten proportionale Beziehungen, so gerade im Falle der Herstellkosten zur Verteilung der Verwaltungs- und Vertriebsgemeinkosten. In einigen Fällen kann ggf. der Gebrauch eines Mengenschlüssels (z. B. Fertigungszeiten) zweckmäßiger sein, als die Verwendung eines Wertschlüssels.

Die **Zuschlagskalkulation** mit **Maschinenstundensätzen** stellt eine weitere Verfeinerung der Zuschlagskalkulation für den Fertigungsbereich dar. Die nach Maschinen gegliederten Gemeinkosten werden entsprechend den in Anspruch genommenen Maschinenstunden (als Mengenschlüssel) auf die Kostenträger verrechnet.

Die Summe der Gemeinkosten einer Fertigungsstelle ist zunächst in maschinenabhängige (Maschinenkosten) und -unabhängige (Restfertigungsgemeinkosten) aufzuteilen. Zu den Maschinenkosten werden i. d. R. die kalkulatorischen Abschreibung, kalkulatorische Zinsen, Raumkosten, Instandhaltung, Energiekosten etc. gezählt. Restfertigungsgemeinkosten sind beispielsweise Hilfslöhne, Sozialkosten und Hilfsstoffe.

Im Anschluß werden die Maschinenstundensätze und Restfertigungsgemeinkosten-Zuschlagssätze bestimmt. Ein Maschinenstundensatz ist der Quotient aus den Maschinenkosten und der Summe der Maschinenstunden, als effektiver Laufzeit des Aggregats, pro Periode:

$$\text{Maschinenstundensatz} \quad = \quad \frac{\text{Maschinenkosten}}{\text{effektive Laufzeit}}$$

Zur Kalkulation eines Kostenträgers wird der Maschinenstundensatz als Verrechnungssatz mit der Bearbeitungszeit multipliziert, die Restfertigungsgemeinkosten werden in der Kalkulation unverändert als Zuschlag auf die Fertigungseinzelkosten verrechnet.

$$\text{Zuschlagssatz für die Restfertigungsgemeinkosten} = \frac{\text{Fertigungsgemeinkosten - Maschinenkosten}}{\text{Fertigungseinzelkosten}}$$

Beispiel 3.25: Zuschlagskalkulation mit Maschinenstundensätzen

Die Fertigung eines Unternehmens ist auf zwei Fertigungsstellen aufgeteilt. Für beide Stellen sind die gesamten Gemeinkosten in maschinenabhängige und -unabhängige differenziert. Die Kosten der Fertigungsstellen sind in der folgenden Tabelle angegeben.

	Fertigung 1	Fertigung 2
FGK, davon:	DM 800.000	DM 650.000
- Maschinenkosten	DM 510.000	DM 350.000
- Rest-FGK	DM 290.000	DM 300.000
FEK	DM 870.000	DM 750.000
Rest-FGK-Zuschlag	33,33%	40,00%

In beiden Fertigungsstellen werden für mehrere Maschinen die Kosten über Stundensätze verteilt. Die Fertigung eines zu kalkulierenden Produkts erfolgt über die Maschine 17 in der Fertigung 1 und die Maschine 29 in der Fertigung 2. Das Produkt benötigt 16 Stunden Bearbeitungszeit auf Maschine 17 und 26 Stunden auf Maschine 29. Die Maschinenkosten der beiden Aggregate und deren tatsächliche Laufzeit/Periode betragen:

	Maschine 17 in der Fertigung 1	Maschine 29 in der Fertigung 2
Maschinenkosten/ Periode	DM 85.040	DM 112.900
Laufzeit/Periode	1.900 Stunden	1.700 Stunden
Maschinenstundensatz	DM 44,76	DM 66,41

Die zur Ermittlung der Fertigungskosten des Produkts notwendige Angabe der Einzelkosten findet sich im folgenden Kalkulationsschema:

Kostenart	Zuschlags- bzw. Verrechnungssatz	Höhe der Kosten
FEK 1		DM 900,00
FGK 1	33,33%	DM 300,00
Maschinenkosten Fertigung 1 (16 Stunden)	DM 44,76	DM 716,16
FK Fertigung 1		**DM 1.916,16**
FEK 2		DM 1.850,00
FGK 2	40%	DM 740,00
Maschinenkosten Fertigung 2 (26 Stunden)	DM 66,41	DM 1.726,66
FK Fertigung 2		**DM 4.316,66**
FK Gesamt		**DM 6.232,82**

Ähnlich der Zuschlagskalkulation mit Maschinenstundensätzen können auch Arbeitsstundensätze zum Ansatz gelangen. Die Orientierung an Mengen- statt an Wertschlüsseln ließe sich grundsätzlich auch für andere Kostenstellen (z. B. Verwaltung, Vertrieb) realisieren, sofern es gelingt, gemeinkostenverursachende Prozesse oder Aktivitäten (wie die Angebotseinholung oder Kundenberatung etc.) zu definieren, denen bestimmte Kostenträger zugeordnet werden können. Auf entsprechende Möglichkeiten wird im Rahmen der Prozeßkostenrechnung (Kapitel 6.1) noch eingegangen werden.

Erfolgt die Zuschlagskalkulation auf der Basis einer **Normalkostenrechnung**, so werden anstelle von Ist-Zuschlags- oder Verrechnungssätzen Normalkosten-Zuschläge bzw. -Verrechnungen verwandt. Sofern zum Periodenende nach der Ermittlung der Ist-Kalkulationswerte Über- oder Unterdeckungen identifiziert werden, gehen diese i. d. R. direkt in die Ergebnisrechnung ein.

3.3.1.2 Divisionskalkulation

Im Bestreben einer möglichst strikten Differenzierung von Einzel- und Gemeinkosten zur Vollkosten-Kalkulation steht die Divisionskalkulation der Zuschlagskalkulation polar gegenüber.

Das Prinzip der Divisionskalkulation liegt in der Bestimmung der Herstell- oder Selbstkosten über eine einfache Division der gesamten Kosten (Einzel- und Gemeinkosten) durch die Anzahl der Kostenträger. Auch in Abhängigkeit der vorhandenen Fertigungsstufen werden differenziert:

- einstufige Divisionskalkulation,
- zweistufige Divisionskalkulation,
- mehrstufige Divisionskalkulation.

Die Voraussetzung zur sinnvollen Anwendung einer **einstufigen Divisionskalkulation** ist die, daß im Betrieb nur eine Produktart ohne Lagerbestandsveränderungen bei den Fertig- oder Unfertigerzeugnissen hergestellt wird.

Die Selbstkosten/Stück werden wie folgt ermittelt:

$$\text{Stückselbstkosten} = \frac{\text{Gesamtkosten der Periode}}{\text{Produktions- = Absatzmenge}}$$

Beispiel 3.26: Einstufige Divisionskalkulation

Ein Einprodukt-Unternehmen produzierte im abgelaufenen Monat 1.500 kg eines Erzeugnisses, wobei die gesamte Produktionsmenge auch verkauft werden konnte. Die Gesamtkosten beliefen sich für diesen Zeitraum auf DM 300.000. Damit belaufen sich die Selbstkosten auf DM 200/kg.

Sofern im Produktionsprozeß Bestandsveränderungen bei den Fertig-fabrikaten auftreten, ist die **zweistufige Divisionskalkulation** anzuwenden. Nach dem Verursachungsprinzip sind Vertriebskosten auf die tatsächliche Absatzmenge zu verrechnen, während die Herstellkosten auf die produzierte Menge zu verteilen sind. Strittig ist die Behandlung der Verwaltungskosten. Obwohl dies kaum mit dem Verursachungsgedanken konform geht, werden sie in der Literatur zumeist nur auf die abgesetzten Leistungen bezogen, ein vereinfachender Ansatz, dem auch hier gefolgt wird.

$$\text{Stückselbstkosten} = \frac{\text{Herstellkosten}}{\text{Produktionsmenge}} + \frac{\text{Verwaltungs- und Vertriebskosten}}{\text{Absatzmenge}}$$

Im Unterschied zur einstufigen Divisionskalkulation ist zur Trennung von Herstell- und Verwaltungs(gemein)- und Vertriebs(gemein)kosten zumindest eine einfache Kostenstellenrechnung erforderlich. Die Produktion, die nicht verkauft werden sollte oder konnte (Lagerleistung), wird mit Herstellkosten bewertet.

Beispiel 3.27: Zweistufige Divisionskalkulation

Das aus Beispiel 3.26 bekannte Einprodukt-Unternehmen produziert im Folgemonat 1.900 kg des Erzeugnisses, wobei jedoch nur 1.400 kg verkauft werden können. Die Gesamtkosten belaufen sich für diesen Zeitraum auf DM 360.000 und teilen sich wie folgt auf:

- Herstellkosten/Monat: DM 285.000
- Verwaltungskosten: DM 35.000
- Vertriebskosten: DM 40.000

Bei Herstellkosten von (285.000/1.900 =) DM 150/kg, betragen die Selbstkosten (150 + 75.000/1400 =) DM 203,57/kg.

Liegt im Betrieb eine mehrstufige Fertigung vor und treten Lagerbestandsveränderungen bei Fertig- und Unfertigerzeugnissen auf, ist die **mehrstufige Divisionskalkulation** einzusetzen.

Die Stückselbstkosten werden z. B. im Falle einer zweistufigen Fertigung wie folgt ermittelt:

$$\text{Stückselbstkosten} = \frac{\text{Herstellkosten der Stufe 1}}{\text{Produktionsmenge der Stufe}} + \frac{\text{Herstellkosten der Stufe 2}}{\text{Produktionsmenge der Stufe}} + \frac{\text{Verwaltungs- und Vertriebskosten}}{\text{Absatzmenge}}$$

Beispiel 3.28: Mehrstufige Divisionskalkulation

Ein Einprodukt-Betrieb produziert ein Erzeugnis auf vier Fertigungsstufen (Zuschneiden, Vormontage, Endmontage, Lackierung). Es wurden 5.000 Stück zugeschnitten, wovon 4.250 in die Vormontage gelangten. Hiervon gingen 3.500 in die Endmontage, wovon schließlich 3.000 lackiert wurden. Die Absatzmenge betrug 2.000 Stück, die jeweiligen Mengendifferenzen bewirkten einen Lageraufbau.

Die Kosten betrugen in diesem Zeitraum:

- Herstellkosten der Stufe 1:   DM 81.250
- Herstellkosten der Stufe 2:   DM 106.250
- Herstellkosten der Stufe 3:   DM 175.000
- Herstellkosten der Stufe 4:   DM 30.000
- Verwaltungs- und Vertriebskosten: DM 80.000

Die Selbstkosten der verkauften Stück ergeben sich über den Ansatz:

$$\frac{81.250}{5.000} + \frac{106.250}{4.250} + \frac{175.000}{3.500} + \frac{30.000}{3.000} + \frac{80.000}{2.000} = \text{DM } 141{,}25/\text{Stück}$$

Das Beispiel ist zum besseren Verständnis in der Abbildung 3.8 nochmals dargelegt.

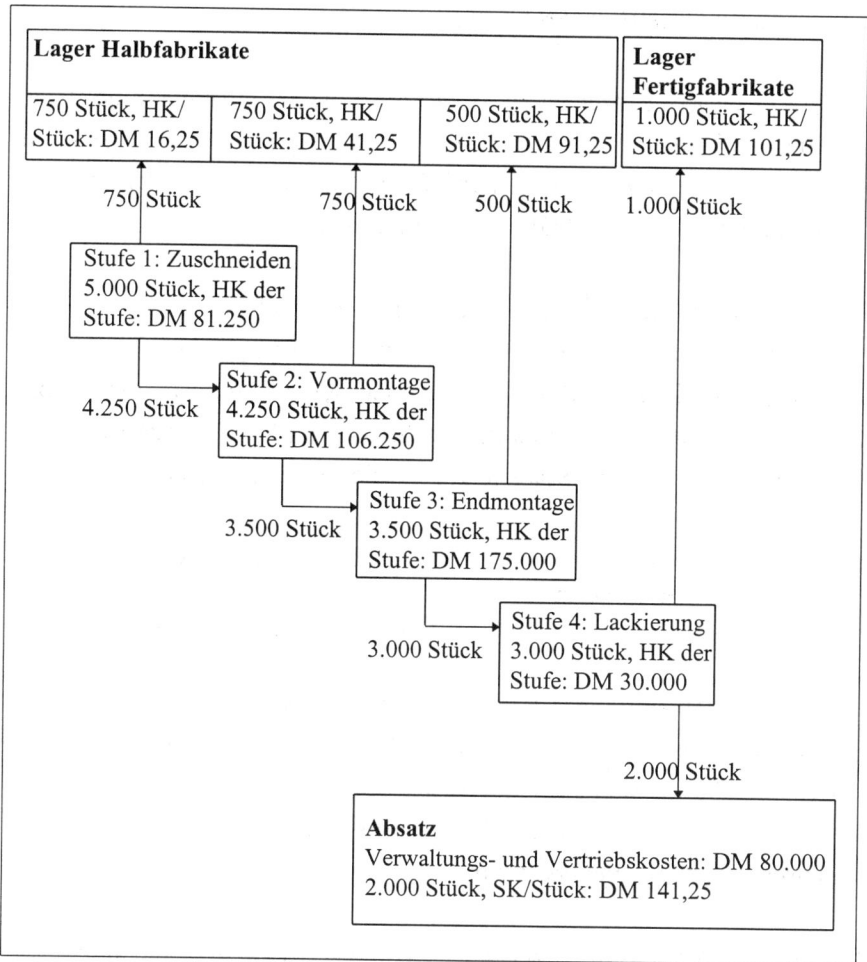

Lager Halbfabrikate			Lager Fertigfabrikate
750 Stück, HK/ Stück: DM 16,25	750 Stück, HK/ Stück: DM 41,25	500 Stück, HK/ Stück: DM 91,25	1.000 Stück, HK/ Stück: DM 101,25

750 Stück   750 Stück   500 Stück   1.000 Stück

Stufe 1: Zuschneiden
5.000 Stück, HK der Stufe: DM 81.250

4.250 Stück → **Stufe 2: Vormontage**
4.250 Stück, HK der Stufe: DM 106.250

3.500 Stück → **Stufe 3: Endmontage**
3.500 Stück, HK der Stufe: DM 175.000

3.000 Stück → **Stufe 4: Lackierung**
3.000 Stück, HK der Stufe: DM 30.000

2.000 Stück

Absatz
Verwaltungs- und Vertriebskosten: DM 80.000
2.000 Stück, SK/Stück: DM 141,25

Abbildung 3.8: Beispiel zur mehrstufigen Divisionskalkulation

Die Divisionskalkulation wird in der betrieblichen Praxis in unterschiedlichen Formen angewandt. So können, wie in diesem Kapitel vorgestellt, die Kosten jeder Stufe zunächst getrennt erfaßt werden, um diese daran anschließend zu kumulieren (addierendes Verfahren) oder die Divisionskalkulation wird durchwälzend realisiert. In der durchwälzenden Version gehen die Kosten der Vorstufe direkt in die Herstellkosten der nächsten Stufe ein, ein anschließendes Addieren entfällt. Der Vorteil dieser Variante besteht darin, daß die Herstellkosten eines Halb- oder Fertigfabrikats bis zu einer Stufe sofort bekannt sind, der Nachteil ist der, daß jede Stufe auf die abgeschlossene Kalkulation der Vorstufe angewiesen ist.

3.3.1.3 Äquivalenzziffernrechnung

Die Äquivalenzziffernrechnung stellt streng genommen nur eine Modifikation der Divisionskalkulation für Sortenfertiger dar. Die wesentliche Annahme des Verfahrens ist die, daß die Stückkosten der Sorten in einem langfristig konstanten Verhältnis zueinander stehen.

Die Stückkostenverhältnisse werden durch Äquivalenzziffern (ÄZ) zum Ausdruck gebracht. I. d. R wird eine Sorte als Einheitssorte ausgewählt und mit der Äquivalenzziffer 1 versehen. Die ÄZ der anderen Sorten repräsentieren das Kostenverhältnis zur Einheitssorte (ÄZ = 1,2 bedeutet, daß die Sorte um 20% höhere Stückkosten als die Einheitssorte aufweist).

$$\text{ÄZ einer Sorte} = \frac{\text{Stückkosten dieser Sorte}}{\text{Stückkosten der Einheitssorte}}$$

Die Ziffern stellen zumeist Schätzwerte dar (z. B. die Annahme, daß die Produktion eines Hektoliters der Sorte „Pils" etwa 25% mehr Kosten verursacht als die Herstellung eines Hektoliters der Einheitssorte „Export"), sie werden in der kostenrechnerischen Praxis seltener durch produktionstechnische Berechnungen bestimmt.

Im weiteren Verlauf wird die einstufige Äquivalenzziffernrechnung vorgestellt, dabei wird von Bestandsveränderungen abgesehen. Das Verfahren ist jedoch auch mehrstufig anwendbar.

Nach Ablauf einer Abrechnungsperiode werden die Mengen der einzelnen Sorten auf die Einheitssorte mittels der Äquivalenzziffern umgerechnet, damit werden die Sorten künstlich homogenisiert.

$$\text{Einheitsmenge einer Sorte} = \text{Produktionsmenge dieser Sorte} * \text{ÄZ}$$

Die Gesamtkosten der Periode sind anschließend durch diese fiktive Produktionsmenge zu dividieren, mit dem Ergebnis der Stückkosten (als Fertigungs-, Herstell- oder Selbstkosten) der Einheitssorte.

$$\text{Stückkosten der Einheitssorte} \quad = \quad \frac{\text{Gesamtkosten}}{\text{Summe der Einheitsmenge}}$$

Ein erneuter Ansatz der Äquivalenzziffern erbringt die Stückkosten der übrigen Sorten.

$$\text{Stückkosten einer Sorte} \ = \ \text{Stückkosten der Einheitssorte} * \text{ÄZ}$$

Beispiel 3.29: Äquivalenzziffernrechnung

Ein Industriebetrieb fertigt drei unterschiedliche Blechsorten S_1, S_2, S_3. Die gesamten Selbstkosten eines Monats belaufen sich auf DM 255.000,-. Ehemals stellte man im Betrieb fest, daß die Kosten/m der zweiten Sorte etwa 25% über jenen der ersten Sorte liegen und daß die Kosten/m der dritten Sorte etwa doppelt so hoch sind wie die Kosten der ersten. Im Betrachtungszeitraum wurden 25.000 m S_1, 15.000 m S_2 und 10.000 m S_3 produziert.

Sorte	S_1	S_2	S_3
Produktionsmenge	25.000 m	15.000 m	10.000 m
ÄZ	1	1,25	2
Einheitsmengen	25.000 m	18.750 m	20.000 m

Insgesamt betragen die Einheitsmengen 63.750 m, d. h. mit den angegebenen Kosten in Höhe von DM 255.000 hätte man alternativ auch 63.750 m der ersten Blechsorte produzieren können. Die Kosten der Einheitssorte belaufen sich damit auf DM 4/m. Über die Multiplikation mit den ÄZ sind die Selbstkosten je m der einzelnen Sorten bestimmbar:

Sorte	S_1	S_2	S_3
Selbstkosten/m	DM 4	DM 5	DM 8
Selbstkosten der Sorte	DM 100.000	DM 75.000	DM 80.000
Kontrollrechnung: DM 100.000 + DM 75.000 + DM 80.000 = DM 255.000			

Die Güte der Ergebnisse der Äquivalenzziffernrechnung ist abhängig von der Qualität der zugrundeliegenden Äquivalenzziffern. Wenn die einzelnen Sorten starke fertigungstechnische und sonstige Ähnlichkeiten aufweisen, wäre die eine (Vollkosten-)Alternative zu diesem Verfahren die sehr viel pauschalere Divisionskalkulation, im Rahmen derer „Äpfel und Birnen" addiert würden, oder die sehr viel zeitaufwendigere Zuschlagskalkulation. Auch hier ist wieder an die Kosten der freiwillig betriebenen KLR zu denken und an den diesbezüglichen Grundsatz „so viel wie nötig, so wenig wie möglich". In jedem Falle aber verweist das Beispiel dieses Kalkulationsverfahrens wiederum auf die vorhandene Unschärfe des Kostenbegriffs.

3.3.1.4 Kuppelkalkulation

Während alle bislang dargelegten Kalkulationsformen von einer unverbundenen Produktion ausgehen, sind die Formen der Kuppelkalkulation als mögliche „Fluchtwege" aus dem kostenrechnerischen Dilemma der Kuppelproduktion (verbundene Produktion) anzusehen. Die Kuppelproduktion ist dadurch gekennzeichnet, daß aufgrund technischer oder sonstiger Koppelung aus einem Produktionsprozeß zugleich mehrere unterschiedliche Produkte resultieren. Da die Kosten der Produktion gemeinsam für alle Erzeugnisse anfallen, ist die Anwendung des Verursachungsprinzips grundsätzlich unmöglich - alle entstehenden Kosten sind Kostenträgergemeinkosten.

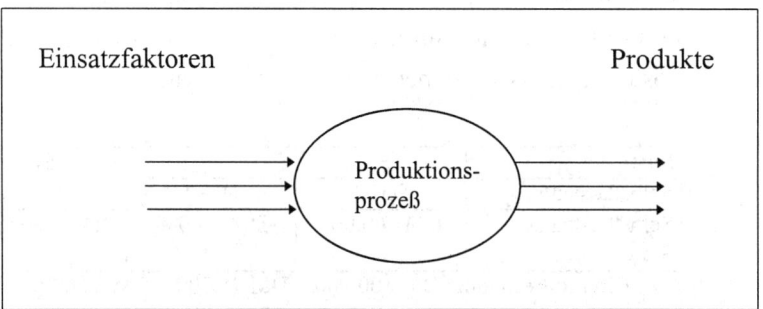

Abbildung 3.9: Kuppelproduktion

100

Die **Restwertrechnung** (Subtraktionsmethode) ist dann einsetzbar, wenn die aus dem Produktionsprozeß resultierenden Erzeugnisse alle - bis auf eines - Nebenprodukte darstellen. Die triviale Rechnung bezieht alle nach der Verwertung der Nebenprodukte (Verkauf zu festem Marktpreis oder Entsorgung) verbleibenden Kosten auf das Hauptprodukt als dem eigentlichen Kalkulationsobjekt.

> Herstellkosten der Kuppelproduktion
> – Umsatzerlöse der Nebenprodukte
> + Folgekosten der Nebenprodukte
> _____
> = Herstellkosten des Hauptproduktes

Die Stückherstellkosten ergeben sich durch anschließende Division der Herstellkosten durch die Produktionsmenge. Zu den Selbstkosten/Stück gelangt man durch anschließende Addition weiterer Kosten, insbesondere Verwaltungs- und Vertriebskosten.

Ist die Trennung in Haupt- und Nebenprodukte nicht möglich, weil z.B. alle Produkte gleichwertig sind, so ist anstelle der Restwertrechnung die **Verteilungsrechnung** anzuwenden. Die Verteilung der Kosten erfolgt hierbei i. d. R. auf der Basis des Tragfähigkeitsprinzips (siehe Kapitel 2.3.2) mit Hilfe von Äquivalenzziffern, wobei diese nicht Kostenrelationen, sondern z. B. erzielbare Marktpreise zum Ausdruck bringen.

Beispiel 3.30: Restwertrechnung

In einem Unternehmen wurden im Rahmen einer Kuppelproduktion drei Produkte hergestellt. Im Abrechnungszeitraum beliefen sich die Herstellkosten des Kuppelprozesses auf DM 980.500. Für die Produkte sind folgende Daten bekannt:

Hauptprodukte	P_1	P_2	P_3
Produktionsmenge	5.000 Liter	9.000 Liter	3.000 Liter
Marktpreise (=ÄZ)	DM 40/Liter	DM 30/Liter	DM 20/Liter
Rechnungseinheiten	200.000	270.000	60.000

Die Herstellkosten je Rechnungseinheit betragen (DM 980.500/(200.000 + 270.000 + 60.000) =) DM 1,85. Werden diese mit den ÄZ (40/30/20) multipliziert, so erhält man die Stückherstellkosten.

Hauptprodukte	P_1	P_2	P_3
Herstellkosten/Liter	DM 74	DM 55,50	DM 37
Gesamte Herstell-kosten/Produkt	DM 370.000	DM 499.500	DM 111.000
Kontrollrechnung: DM 370.000 + DM 499.500 + DM 111.000 = DM 980.500			

Die Verteilungsrechnung kann mehrstufig gestaltet werden, hierbei können beispielsweise die erzielbaren Marktpreise je Hauptprodukt, vermindert um die Kosten einer an den Kuppelprozeß anschließenden Weiterverarbeitung, berücksichtigt werden.

Anstelle von Marktpreisen können in den Äquivalenzziffern auch technische Größen (z. B. spezifisches Gewicht) oder die Produktionsmengen zum Ausdruck kommen.

3.3.2 Kostenträgerzeitrechnung

Die Kostenträgerzeitrechnung dient zunächst der Ermittlung der Periodenkosten. Werden den Gesamtkosten der Periode die gesamten Leistungen gegenübergestellt, so resultiert der Betriebserfolg oder -gewinn, der auch als kalkulatorisches Ergebnis bezeichnet wird, um auf den inhaltlichen Unterschied zum externen Ergebnis (Jahresüberschuß) hinzuweisen. Wird diese Ergebnisrechnung in der KLR unterjährig (quartalsweise oder monatlich) durchgeführt, damit sie ihrer Steuerungs- und Kontrollaufgabe besser gerecht werden kann, so stellt die Ergebnisrechnung eine **kurzfristige Erfolgsrechnung** (KER) dar.

Zur Ermittlung des Betriebsergebnisses einer Periode können zwei Verfahren eingesetzt werden, das Gesamt- und das Umsatzkostenverfahren.

3.3.2.1 Gesamtkostenverfahren

Nach dem Gesamtkostenverfahren werden den gesamten Kosten einer Periode die in dieser Periode erstellten Leistungen gegenübergestellt. Die Gesamtleistung umfasst neben den Umsatzerlösen auch die Bestandsveränderung an Halb- und Fertigfabrikaten, sowie die anderen aktivierten Eigenleistungen (z. B. selbsterstellte Anlagen). Während die verkauften Produkte zu den erzielten Marktpreisen bewertet werden, erfolgt die Bewertung der übrigen Gesamtleistungskomponenten zu Herstellkosten.

Erlöse

+/- Bestandsveränderungen

+ Andere aktivierte Eigenleistungen

- Gesamtkosten

= **Betriebserfolg**

Beispiel 3.31: Betriebsergebnis nach dem Gesamtkostenverfahren

Ein Betrieb realisierte im abgelaufenen Monat Umsatzerlöse von DM 890.000. Auf dem Lager der Halbfabrikate trat im Vergleich zum Vormonat eine Bestandsmehrung von DM 80.000 und auf dem Fertigfabrikatelager eine Bestandsminderung von DM 30.000 auf. Zudem erstellte der Betrieb Werkzeuge für die eigene Produktion im Wert von DM 15.000. Die Gesamtkosten in diesem Zeitraum betrugen DM 680.000 und teilten sich auf in Herstellkosten von DM 564.000, Verwaltungskosten von DM 77.650 und Vertriebskosten von DM 38.350. Die Ermittlung des Ergebnisses erfolgt nach dem o. g. Ansatz:

Erlöse:	DM 890.000
+ Bestandsveränderungen:	DM 80.000
- Bestandsveränderungen:	DM 30.000
+ Andere aktivierte Eigenleistungen:	DM 15.000
- Gesamtkosten:	DM 680.000
= **Betriebserfolg:**	**DM 275.000**

3.3.2.2 Umsatzkostenverfahren

Das Umsatzkostenverfahren ist eine Absatzerfolgsrechnung, d. h. in der Betrachtung bleiben Bestandsveränderungen und andere aktivierte Eigenleistungen außen vor. Den Umsatzerlösen werden die Kosten des Umsatzes gegenübergestellt um das Betriebsergebnis zu bestimmen.

Erlöse

- Selbstkosten des Umsatzes

= Betriebserfolg

Beispiel 3.32: Betriebsergebnis nach dem Umsatzkostenverfahren

In dem in Beispiel 3.3.1 vorgestellten Betrieb wird das Betriebsergebnis des Monats nach dem Umsatzkostenverfahren bestimmt. Hierzu sind zunächst die Herstellkosten des Umsatzes zu ermitteln. Da die Bestandsveränderungen nach dem Gesamtkostenverfahren zu den dafür angefallenen Kosten bewertet werden, sind diese folglich aus den gesamten Herstellkosten zu eliminieren.

Gesamte Herstellkosten:	DM 564.000
- Herstellkosten der Lagerleistung und	
der anderen aktivierten Eigenleistung:	DM 65.000
Herstellkosten des Umsatzes:	DM 499.000

Werden die Verwaltungs- und Vertriebskosten zu den Herstellkosten des Umsatzes addiert, resultieren die Selbstkosten des Umsatzes: DM 615.000

Anschließend kann das Betriebsergebnis bestimmt werden.

Erlöse:	DM 890.000
- Selbstkosten des Umsatzes:	DM 615.000
= Betriebserfolg:	**DM 275.000**

Beide Verfahren führen zum gleichen Betriebserfolg. Dies ist unmittelbar einsichtig, werden doch die beim Gesamtkostenverfahren berücksichtigten und beim Umsatzkostenverfahren unberücksichtigten Komponenten in ersterem in der Leistung und in den Kosten mit dem gleichen Wert angesetzt (Bewertung zu Herstellkosten).

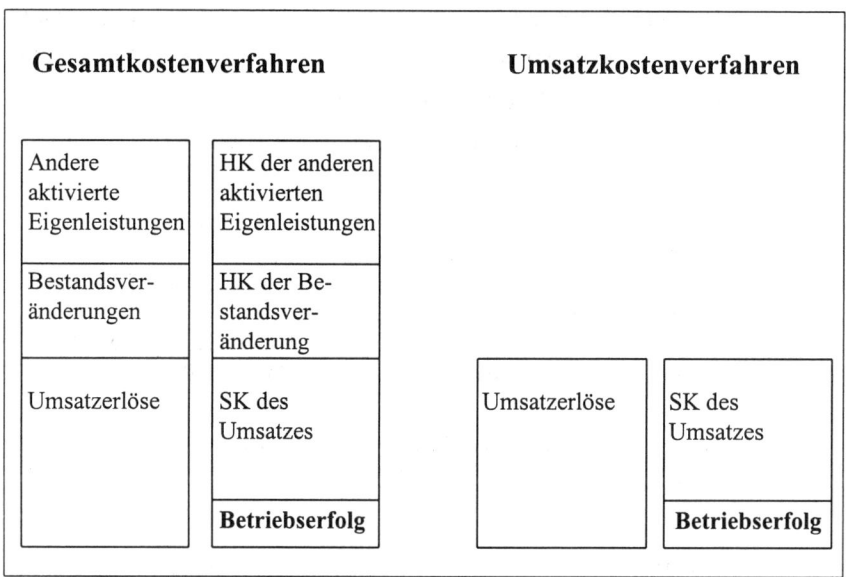

Abbildung 3.10: Gesamtkosten- und Umsatzkostenverfahren

Im Unterschied zum Gesamtkostenverfahren müssen beim Umsatzkostenverfahren die Kosten je Produkteinheit für alle abgesetzten Produkte und nicht nur für die Bestandsänderungen ermittelt werden. Hierzu bedarf es einer voll ausgebauten Kostenstellen- und Kostenträgerrechnung. Gegenüber dem Gesamtkostenverfahren bietet es jedoch folgende Vorteile:

- Um die Bestandsveränderungen mengen- und wertmäßig bestimmen zu können, ist eine Inventur erforderlich. Wird die Erfolgsrechnung monatlich durchgeführt, so ist beim Gesamtkostenverfahren eine monatliche Inventur bei den Halbfertig- und Fertigprodukten durchzuführen. Diese Arbeiten entfallen beim Umsatzkostenverfahren.

- Im Unterschied zum Gesamtkostenverfahren liefert das Umsatzkosten-verfahren wichtige Informationen bezüglich des (Vollkosten-)Erfolgs-beitrags der einzelnen Kostenträger.

Beispiel 3.33: Ermittlung des Produkterfolgs

Ein Betrieb stellte im vergangenen Monat 5.000 Stück des Produktes 1 und 2.000 Stück des Produktes 2 her. Die Absatz-mengen betrugen 4.000 Stück beim ersten und 2.500 Stück beim zweiten Produkt. Zur Durchführung des Gesamtkosten-verfahrens sind folgende Informationen notwendig:

Verkaufspreise der Produkte:	P_1: DM 36 / P_2: DM 48
Herstellkosten der Bestandserhöhung bei P_1:	DM 20/Stück = DM 20.000
Herstellkosten der Bestandsverringerung bei P_2:	DM 32/Stück = DM 16.000
Gesamtkosten der Periode:	DM 232.000

Nach dem bekannten Schema ergibt sich das folgende Be-triebsergebnis des Monats:

Erlöse P_1:	DM 144.000
Erlöse P_2:	DM 120.000
+ Bestandsveränderungen:	DM 20.000
- Bestandsveränderungen:	DM 16.000
- Gesamtkosten:	DM 232.000
= **Betriebserfolg:**	**DM 36.000**

Die Form der Ergebnisermittlung läßt die Frage „welchen (Vollkosten-)Gewinnbeitrag erbrachte das Produkt 1?" offen.

Zur Durchführung des Umsatzkostenverfahrens sind weitere Informationen nötig:

Herstellkosten des Umsatzes bei P_1:	DM 20/Stück = DM 80.000
Herstellkosten des Umsatzes bei P_2:	DM 32/Stück * 500 + DM 40/ Stück * 2.000 = DM 96.000
Verwaltungs- und Vertriebskosten:	DM 8/Stück = DM 52.000

Erlöse P_1:	DM 144.000
Erlöse P_2:	DM 120.000
- Selbstkosten des Umsatzes P_1:	DM 112.000
- Selbstkosten des Umsatzes P_2 (DM 96.000 + 2.500 * DM 8):	DM 116.000
= Betriebserfolg:	**DM 36.000**

Die Erfolgsermittlung nach dem Umsatzkostenverfahren läßt eine nähere Analyse hinsichtlich des Produkterfolgs zu. So erbrachte das erste Produkt einen (Vollkosten-)Erfolgsbeitrag von DM 32.000, und das zweite Produkt einen in Höhe von DM 4.000.

Die aufgezeigte Bewertung des Erfolgsbeitrags einzelner Kostenträger auf einer Vollkostenbasis ist sicherlich sehr fragwürdig, so würde eine andere Zuordnung der ohnehin willkürlich verteilten Verwaltungs- und Vertriebsgemeinkosten die Erfolgsbeiträge der beiden Produkte im Beispiel 3.33 in einer anderen Höhe aufzeigen.

Einen besseren Ansatz zur Ermittlung des Produkterfolgs bieten die Systeme der Teilkostenrechnung, die Gegenstand des nun folgenden Kapitels sind.

Übungsaufgaben zum 3. Kapitel

Aufgabe 3.1:
Zu einem Rohstoff sind die folgenden Lagerbewegungen bekannt:

Anfangsbestand:	6.000 Stück
1. Zugang:	3.600 Stück
2. Zugang:	1.000 Stück
3. Zugang:	4.000 Stück
1. Entnahme:	3.000 Stück
2. Entnahme:	3.400 Stück
3. Entnahme:	4.800 Stück
Schwund:	300 Stück
Endbestand:	2.400 Stück

a) Bestimmen Sie den mengenmäßigen Materialverbrauch nach der Inventur- und der Fortschreibungsmethode.

b) Nennen Sie Gründe für die Ergebnisabweichung aus a).

Aufgabe 3.2:

Die folgenden Informationen zum Lageranfangsbestand und den Lagerbewegungen eines Quartals liegen vor:

Anfangsbestand:	200 Stück zu DM 24
Zugang 1:	200 Stück zu DM 25
Zugang 2:	200 Stück zu DM 26
Zugang 3:	600 Stück zu DM 27
Zugang 4:	400 Stück zu DM 28

Für die Fertigung eines Kundenauftrags wurden in diesem Quartal 1.400 Stück entnommen. Der Endbestand beträgt 200 Stück.

a) Bewerten Sie den Verbrauch und den Endbestand nach dem Verfahren der periodischen Durchschnitte.

b) Bewerten Sie Verbrauch und Endbestand nach dem Fifo-Verfahren.

c) Bewerten Sie Verbrauch und Endbestand nach dem Lifo-Verfahren.

d) Bewerten Sie Verbrauch und Endbestand nach dem Hifo-Verfahren.

Aufgabe 3.3:

Welche beiden Voraussetzungen müssen erfüllt sein, damit bei permanent steigendem Wiederbeschaffungswert einer Produktionsanlage die Anlage aus den im Preis einkalkulierten Abschreibungsgegenwerten wieder beschafft werden kann (ohne Berücksichtigung von Steuern)?

Aufgabe 3.4:

Ein Reiseveranstalter erwirbt einen Luxusbus zum Preis von DM 480.000, den er 5 Jahre lang nutzen möchte. In seiner Kalkulation geht er davon aus, daß er den Bus nach 5 Jahren zu DM 30.000 verkaufen kann und dann für die Ersatzbeschaffung DM 540.000 zu zahlen hat. Mit seiner Kalkulation der Abschreibung möchte er dafür Sorge tragen, das Gefährt in 5 Jahren ersetzen zu können. Er geht von folgenden Laufleistungen in den Jahren 1-5 aus: 100.000 km / 160.000 km / 220.000 km / 240.000 km / 300.000 km.

Berechnen Sie die jährlichen Abschreibungen nach folgenden Methoden:

a) lineare Abschreibung

1. Jahr:

2. Jahr:

3. Jahr:

4. Jahr:

5. Jahr:

b) geometrisch-degressive Abschreibung

1. Jahr:
2. Jahr:
3. Jahr:
4. Jahr:
5. Jahr:

c) arithmetisch-degressive Abschreibung

1. Jahr:
2. Jahr:
3. Jahr:
4. Jahr:
5. Jahr:

d) leistungsabhängige Abschreibung

1. Jahr:
2. Jahr:
3. Jahr:
4. Jahr:
5. Jahr:

Aufgabe 3.5:

Bestimmen Sie aus den nachfolgenden Angaben den Betrag der kalkulatorischen Zinsen/Monat (Durchschnittswertverzinsung):

Anschaffungswert des Betriebsgrundstücks:	DM	150.000
Anschaffungswert der Lagerhalle:	DM	100.000
Anschaffungswert der Maschinen:	DM	1.000.000
Anschaffungswert der Werkzeuge:	DM	200.000
Mittlerer Jahresbestand der Vorräte:	DM	300.000

Mittlerer Jahresbestand der Forderungen:	DM	150.000
Mittlerer Jahresbestand der Zahlungsmittel:	DM	100.000
Zinsloses Darlehen:	DM	100.000
Kundenanzahlung:	DM	50.000
Kontokorrentzinssatz:	12,5%	
Zinssatz für langfristige risikofreie Anlagen:	7,0%	

Aufgabe 3.6:

Ein kleinerer Industriebetrieb weist zwei Hilfskostenstellen (Fuhrpark und Reparaturstelle) auf. Für den abgelaufenen Monat liegen die folgenden Angaben vor:

	Fuhrpark	Reparaturstelle
Primäre Gemeinkosten:	DM 300.000	DM 200.000
Gesamtleistung:	1.000.000 km	10.000 Stunden

Im Fuhrpark fielen 8.000 Reparaturstunden an, die von der Reparaturstelle erbracht wurden, während für die Reparaturstelle 100.000 km vom Fuhrpark geleistet wurden.

a) Nach welchem Verfahren sollte die innerbetriebliche Leistungsverrechnung vorgenommen werden, damit die zu bestimmenden Verrechnungssätze möglichst genau sind?

b) Bestimmen Sie die Verrechnungssätze der beiden Hilfskostenstellen nach dem Stufenleiterverfahren. Warum sollten Sie hierbei die Reparaturstelle zuerst abrechnen?

c) Bestimmen Sie die Verrechnungssätze nach dem lt. a) geeigneten Verfahren.

Aufgabe 3.7:

Mit den Arbeiten an einem BAB wurde bereits begonnen. Sie finden ihn in der folgenden Form vor:

BAB für den Monat Juni (alle Angaben in DM)				
Kostenart	**Summe**	**Material- kostenstelle**	**Fertigungs- kostenstelle**	**Verwaltung und Vertrieb**
Lohngemeinkosten	760.000	30.000	430.000	300.000
Versicherungs- beiträge	25.000			
IHK-Beiträge	10.000	0	0	10.000
Kalkulatorische Abschreibungen	840.000			
Kalkulatorische Zinsen	360.000			
Fremdleistungen	60.000	5.000	35.000	20.000
Kalkulatorische Mieten	120.000			
Kalkulatorische Wagnisse	50.000	0	0	50.000
Summe	**2.225.000**			

Die Versicherungsbeiträge (Sachversicherung) sind nach den in den Kostenstellen vorzufindenden Versicherungssummen zu verteilen. Diese betragen, in der o. a. Reihenfolge der Stellen: 1,2 Mio/1,2 Mio/0,6 Mio.

Zur Bestimmung der kalkulatorischen Abschreibungen und Zinsen liegen folgende Angaben vor (in DM):

	Summe	**Material- kostenstelle**	**Fertigungs- kostenstelle**	**Verwaltung und Vertrieb**
Stichtageswerte des ab- nutzbaren Anlage- vermögens	50.400.000	0	47.880.000	2.520.000
Betriebsnotwendiges Kapital	43.200.000	4.320.000	36.720.000	2.160.000

Der kalkulatorische Zinssatz beträgt 10%. Der auf die Stichtagswerte zu beziehende Abschreibungssatz beträgt 20%. Die kalkulatorischen Mieten sind nach den qm der Kostenstellen (40/110/50) zu verteilen.

a) Ermitteln Sie die gesamten Gemeinkosten der Kostenstellen.

b) Die Materialeinzelkosten beliefen sich auf DM 1.500.000 und die Fertigungseinzelkosten auf DM 1.750.000. Bestimmen Sie die Gemeinkosten-Zuschlagssätze für die drei Kostenstellen.

c) Im Folgemonat Juli erhält das Unternehmen die Aufforderung zur Abgabe eines Angebotspreises. Bei Fertigung dieses Auftrags würden Materialeinzelkosten von DM 100.000 und Fertigungseinzelkosten von DM 20.000 entstehen. Im Unternehmen wird zur Abgabe eines Angebotspreises ein 10%iger Gewinnaufschlag auf die Selbstkosten verrechnet. Ermitteln Sie den Angebotspreis mittels differenzierender Zuschlagskalkulation.

Aufgabe 3.8:

Die Herstellkosten eines Unternehmens betrugen im Abrechnungszeitraum DM 300.000. Verwaltungskosten fielen in Höhe von DM 35.000 und Vertriebskosten in Höhe von DM 25.000 an. Es handelt sich um einen Einproduktbetrieb, der auf einer Fertigungsstufe produziert. Von den im Betrachtungszeitraum produzierten 5.000 Stück konnten 4.000 Stück verkauft werden.

Ermitteln Sie die Selbstkosten/Stück der Absatzmenge unter der Voraussetzung, daß:

a) die Verwaltungskosten in voller Höhe der Produktionsmenge zugerechnet werden;

b) die Verwaltungskosten mit DM 20.000 der Produktionsmenge und mit DM 15.000 der Absatzmenge zugerechnet werden;

c) die Verwaltungskosten in voller Höhe der Absatzmenge zugerechnet werden.

Aufgabe 3.9:

Der gesamte Produktionsprozeß eines Betriebs erstreckt sich über 3 Stufen. Im vergangenen Monat gelangten 5.400 kg in die erste Produktionsstufe. Sie wurden dort mit Gesamtkosten von DM 21.600 bearbeitet. Die gleiche Menge ging in die nächste Stufe, dort fielen jedoch 400 kg Schwund an. Die Bearbeitungskosten der zweiten Stufe beliefen sich auf DM 25.000. Von den 5.000 kg gingen 1.250 auf Lager, 3750 kg gelangten in die nächste Produktionsstufe. Dort wurden sie mit Kosten von DM 35.000 zum Fertigerzeugnis weiterverarbeitet. Ermitteln Sie die Herstellkosten für den Lageraufbau und das Fertigerzeugnis.

Aufgabe 3.10:

Ein Sortenfertiger produzierte im abgelaufenen Monat vier Biersorten mit gesamten Herstellkosten von DM 352.000. In der KLR des Betriebs sieht man die Kosten je Flasche „Export" auf dem Niveau von ca. 60% einer Flasche „Weizen". Die Kosten einer Flasche „Pils" erachtet man etwa 10% unterhalb der Kosten einer Flasche „Weizen", während man im Vergleich zu letzteren die Kosten einer Flasche „Alt" bei etwa 150% sieht. Die Produktionsmengen lagen im betrachteten Zeitraum bei 400.000 Flaschen Export, 200.000 Flaschen Pils, 280.000 Flaschen Weizen und 120.000 Flaschen Alt. Bestimmen Sie die Herstellkosten/Flasche unter Verwendung der Äquivalenzziffernrechnung.

Aufgabe 3.11:

Ein Unternehmen produziert Videoüberwachungsanlagen für Einfamilienhäuser. Drei Systeme werden angeboten, das Einstiegsmodell „**G**uck-mal-**w**er-da-**k**ommt" (Gwk) wird zum Preis von DM 7.500, das System für Fortgeschrittene „**Keiner-da**" (Kd) zum Preis von DM 12.000 und das Profi-Modell „**Keiner-da**-außer-**R**ex" (KdR) für DM 20.000 verkauft.

Für den Abrechnungszeitraum sind die folgenden Daten bekannt:

System	Gwk	Kd	KdR
Produktionsmengen	80 Stück	120 Stück	50 Stück
Absatzmengen	150 Stück	90 Stück	75 Stück
Herstellkosten/Stück	DM 6.500	DM 6.000	DM 8.000
Verwaltungs- und Vertriebskosten/Stück	DM 1.500	DM 3.000	DM 4.000

Die Herstellkosten/Stück sind langfristig konstant.

a) Bestimmen Sie die Gesamtkosten der Periode.

b) Bestimmen Sie den Betriebserfolg nach dem Gesamtkostenverfahren.

c) Bestimmen Sie den Betriebserfolg nach dem Umsatzkostenverfahren.

d) Aufgrund einer Analyse der Ergebnisstruktur macht der Vertriebsleiter des Unternehmens den Vorschlag, das System Gwk aus dem Angebot zu nehmen. Was wenden Sie hierauf im Hinblick auf die mögliche Kostenzuordnung kritisch ein?

4. Istkostenrechnung auf Teilkostenbasis

Systeme der Teilkostenrechnung setzen an den Mängeln der Vollkostenrechnung an. Sie unterscheiden sich von dieser nicht durch den zugrundeliegenden Kostenbegriff und auch nicht in der Art der Kostenerfassung,
sondern im Umfang der auf den einzelnen Kostenträger verrechneten
Kosten.

4.1 Grundlagen der Teilkostenrechnung

4.1.1 Mängel der Vollkostenrechnung

Die beiden zentralen Kritikpunkte an jeder Vollkostenrechnung sind:

1. Die Schlüsselung von Gemeinkosten auf das einzelne Kalkulationsobjekt. Diese ist immer willkürlich, denn es existiert kein Gemeinkosten-
   schlüssel, der für sich in Anspruch nehmen könnte, der einzig richtige
   zu sein.

2. Die Proportionalisierung der Fixkosten mit der Konsequenz fiktiver
   Stückkosten und -gewinne.

Die Mängel sollen anhand von jeweils einem Beispiel verdeutlicht werden.

Beispiel 4.1: Willkürliche Gemeinkostenverteilung

Ein Unternehmen produziert zwei verschiedene Produkte A
und B. Im vergangenen Monat konnten 5.000 A und 10.000 B
hergestellt und verkauft werden. Folgende Kosten fielen hierbei an:

	Produkt A	Produkt B
Materialeinzelkosten:	DM 8.000	DM 4.000
Fertigungseinzelkosten:	DM 12.000	DM 18.000
Gemeinkosten:	DM 48.000	

Die Schlüsselung der angefallenen Gemeinkosten ist nach mehreren Kriterien möglich. Die Orientierung der Verteilung an den angefallenen Materialeinzelkosten führt zu Gemeinkosten von A in Höhe von DM 32.000 ((8000/12.000) * 48.000) und zu Stückkosten von B in Höhe von DM 16.000. Werden die Gemeinkosten auf der Grundlage angefallener Fertigungseinzelkosten verteilt, so führt dies zu DM 19.200 ((12.000/30.000)*48.000) an Gemeinkosten für A und DM 28.800 für B. Eine Verteilung aufgrund aller angefallenen Einzelkosten erbringt Gemeinkosten für A in Höhe von DM 22.857,14 und solchen für B in Höhe von DM 25.142,86. Unter Berücksichtigung der Produktionsmengen ergeben sich nach den unterschiedlichen Verteilungsmodi folgende Stück-(selbst-)kosten:

Gemeinkostenverteilung aufgrund angefallener:	Stückkosten A	Stückkosten B
... Materialeinzelkosten	DM 10,40	DM 3,80
... Fertigungseinzelkosten	DM 7,84	DM 5,08
... Einzelkosten (gesamt)	DM 8,57	DM 4,71

Welche Stückkosten sollen nun als Entscheidungsgrundlage für die Preiskalkulation oder die Erfolgsbeurteilung dienen?

Beispiel 4.2: Fixkostenproportionalisierung

Ein Einproduktbetrieb (Auftragsfertigung) stellte im vergangenen Monat 1.000 Stück her, wobei variable Kosten von DM 5/Stück und Fixkosten von DM 8.500 anfielen. Die gesamte Produktionsmenge konnte zum Preis von DM 20/Stück abgesetzt werden. Im folgenden Monat möchte ein Kunde einen Auftrag von 500 Stück bei einem maximalen Preis von DM 12,50 plazieren. Der Unternehmer lehnt als Vollkostenrechner den Auftrag ab, da er diesen vor dem Hintergrund der ermittelten Stückkosten des vergangenen Monats von DM 13,50 beurteilt (variable Kosten/Stück: 5; Fixkosten/Stück: 8.500/1.000 = 8,50; Gesamtkosten/Stück = 13,50) und nicht bereit ist „unter Selbstkosten" zu verkaufen. Wenn nun davon ausgegangen wird, daß keine weiteren Absätze in diesem Monat realisiert werden können, so erzielt der Unternehmer keine Umsatzerlöse. Da er damit als Auftragsfertiger nicht produziert, fallen keine variablen Kosten, jedoch die Fixkosten in Höhe von DM 8.500 an. Sein Betriebsergebis beläuft sich somit auf - DM 8.500. Hätte er den Auftrag angenommen, so wären variable Kosten von (500 * 5 =) DM 2.500 und Umsatzerlöse von (500 * 12,50 =) DM 6.250 angefallen. Unter Berücksichtigung der Fixkosten wäre somit ein Betriebsergebnis von - DM 4.750 erzielt worden.

Sicherlich könnte sich die Auftragsannahme im Beispiel 4.2 in einer Situation hoher Beschäftigung auch nachteilig auswirken, da rentablere Aufträge nicht angenommen werden könnten. Dennoch stellen Stückfixkosten rechnerische Fiktionen dar. Werden sie bei der Ermittlung von Stückgewinnen berücksichtigt, so steigt der Gesamtgewinn mit jeder weiteren Absatzeinheit, ohne daß jemals ein Verlust erzielt werden könnte.

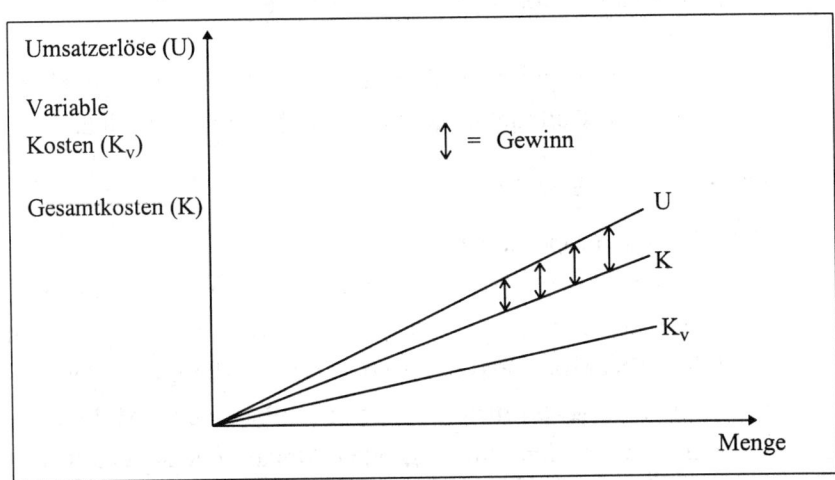

Abbildung 4.1: Proportionalisierung der Fixkosten

Sofern in einem Betrieb im Rahmen einer Vollkostenrechnung sämtliche Kosten der Periode auf die jeweiligen Kalkulationsobjekte verrechnet werden, so bestehen angesichts der beiden genannten Kritikpunkte u. a. die folgenden Gefahren:

- Durch Orientierung an den Stückgewinnen können Fehlentscheidungen getroffen werden. So könnten angeblich verlustträchtige Produkte aus dem Sortiment genommen oder scheinbar verlustbringende Betriebe geschlossen werden.
- Wichtige Planungsgrößen sind nicht oder nicht korrekt bestimmbar. So ist eine Vollkostenrechnung bei Orientierung an Stückkosten nicht imstande, jene Absatzmenge zu ermitteln, die mindestens realisiert werden muß, damit in der nächsten Periode zumindest alle Kosten gedeckt sind (Nullgewinn-Situation).
- Weisen einige Kostenstellen im Unternehmen eine nur geringe Beschäftigung auf, so werden die sie durchlaufenden Produkte mit tendenziell hohen Gemeinkostenzuschlägen versehen. Führen diese zu entsprechenden Preiserhöhungen, kann ein Absatzrückgang die Folge sein. Insofern ist jeder Vollkostenrechnung die Gefahr des „Sich-aus-dem-Markt-Kalkulierens" immanent.

Die aufgezeigten Gefahren führen zu Einschränkungen hinsichtlich der Aussagefähigkeit und der Verwendbarkeit der Vollkostenrechnung, dies gilt sowohl hinsichtlich der Planungs- und Steuerungs- als auch der Kontrollfunktion der KLR. Dennoch kann in vielen Fällen nicht völlig auf eine Vollkostenrechnung verzichtet werden, so birgt die ausschließliche Ausrichtung aller Preiskalkulationen im Unternehmen an den variablen Kosten oder den Einzelkosten die Gefahr der Vernachlässigung der Auszahlungswirksamkeit zahlreicher Fixkosten in sich. Zudem kann eine Schlüsselung fixer Gemeinkosten zur Bestandsbewertung notwendig sein.

4.1.2 Prinzipien der Teilkostenrechnung

Wenn auch an dieser Stelle lediglich die Istkostenrechnung auf Teilkostenbasis erläutert wird, sei doch erwähnt, daß jede Teilkostenrechnung auch auf der Basis von Normalkosten durchgeführt werden kann.

Ein zentraler Begriff der Teilkostenrechnung ist der des **Deckungs-beitrags**. In allgemeiner Form ergibt sich der Deckungsbeitrag, indem von den Erlösen ein Teil der Kosten in Abzug gebracht wird:

$$\text{Deckungsbeitrag} = \text{Erlöse} - \text{zugerechnete Teilkosten}$$

Die Summe aller erzielten Deckungsbeiträge dient der Deckung der bislang nicht berücksichtigten Restkosten. Übersteigen sie diese, so ist der Betriebserfolg positiv, andernfalls negativ.

Hinsichtlich der Trennung von zugerechneten Teilkosten und Restkosten können Teilkostenrechnungssysteme auf Basis variabler Kosten und solche auf Basis von Einzelkosten differenziert werden. Ein weiteres Kriterium zur Unterscheidung der Systeme ist die Behandlung der Restkosten. Werden diese en bloc in die Ergebnisrechnung übernommen, so handelt es sich um ein einstufiges System, werden sie geschichtet aufgeteilt, so liegt ein mehrstufiges System vor.

Die hier zu behandelnden Rechnungssysteme sind in der Tabelle 4.1 aufgeführt.

Tabelle 4.1: Teilkostenrechnungssysteme

Auflösung der Kosten in ...	Anzahl der Abrechnungsstufen	Kostenrechnungssystem
Variable und fixe Kosten	eine	Einstufige Deckungsbeitragsrechnung (einstufiges Direct Costing)
Variable und fixe Kosten	mehrere	Mehrstufige Deckungsbeitragsrechnung (Fixkostendeckungsrechnung)
Einzel- und Gemeinkosten	mehrere	Relative Einzelkostenrechnung

4.2 Einstufige Deckungsbeitragsrechnung

Bei Anwendung der einstufigen Deckungsbeitragsrechnung (einstufiges Direct Costing, Grenzkostenrechnung) sind die Periodenkosten in beschäftigungsvariable und beschäftigungsfixe Kosten aufzuspalten.

Der Stückdeckungsbeitrag (db) ist die Folge der Subtraktion der variablen Stückkosten (k_v) vom Stückpreis (p):

$$db = p - k_v$$

Der Betriebserfolg (BE) resultiert folglich als Differenz zwischen dem Deckungsbeitrag pro Periode oder Gesamtdeckungsbeitrag (DB) und den Fixkosten der Periode (K_f):

$$BE = DB - K_f$$

Alle variablen Kosten werden im Rahmen der Deckungsbeitragsrechnung grundsätzlich als **proportionale Kosten** geführt. Hierdurch erklärt sich die alternative Bezeichnung „Grenzkostenrechnung". **Grenzkosten** geben die Steigung der Gesamtkosten an und werden als erste Ableitung der Gesamtkostenfunktion bestimmt. Somit bezeichnen sie die Veränderung der Gesamtkosten bei (infinitesimal kleiner) Variation der Beschäftigung. Bei Annahme einer linearen Kostenfunktion entsprechen den Grenzkosten die variablen Kosten.

4.2.1 Kostenartenrechnung

Als variable Kosten fallen zum einen Einzelkosten und zum anderen variable Gemeinkosten an (siehe Kapitel 2.3.2). Der überwiegende Teil der Gemeinkostenarten sind fixe Kosten. Schließlich existieren Kostenarten die weder reine variable Kosten, noch Fixkosten darstellen. Zu diesen Mischkosten (semivariable Kosten) zählen u. a. Energie- oder Telefonkosten.

Zur Bestimmung der fixen und variablen Kostenbestandteile existieren mehrere Verfahren der Kostenspaltung, von denen im weiteren Verlauf die buchtechnische Methode sowie die grafische und eine einfache mathematische Kostenspaltung vorgestellt werden. Alle Methoden können sich auf eine bestimmte Kostenart oder auf die im Betrieb insgesamt angefallenen Kosten beziehen.

Bei der **buchtechnischen Methode** ist für jede Kostenart einzeln aufgrund von Erfahrungswerten zu prüfen, in welchem Maße sie sich beschäftigungsvariabel und beschäftigungsfix verhält. Problematisch bei dieser Methode ist die zugrundeliegende Willkürlichkeit der Zuordnung und die starke Abhängigkeit von der Qualität der Erfahrungswerte.

Beispiel 4.3: Buchtechnische Kostenspaltung

In einem Betrieb entstanden im vergangenen Monat Gesamtkosten von DM 800.000. Die einzelnen Kostenarten sollen in variable und fixe Kosten differenziert werden.

Kostenart	Gesamt-kosten	Anteil der Fix-kosten	Anteil der variablen Kosten
Gehälter	DM 300.000	95% = DM 285.000	5% = DM 15.000
Fertigungs-material	DM 170.000	0% = DM 0	100% = DM 170.000
Abschrei-bungen	DM 240.000	90% = DM 216.000	10% = DM 24.000
Instand-haltung	DM 70.000	50% = DM 35.000	50% = DM 35.000
Telefon-kosten	DM 12.000	15% = DM 1.800	85% = DM 10.200
Sonstige Kosten	DM 8.000	40% = DM 3.200	60% = DM 4.800
Gesamt	**DM 800.000**	**DM 541.000**	**DM 259.000**

Im Rahmen der **grafischen Kostenspaltung** werden möglichst viele Beobachtungspaare, die jeweils ein aus der Vergangenheit stammendes Kosten-Mengen-Verhältnis repräsentieren, in ein Koordinatensystem eingetragen, auf dessen Achsen die Beschäftigung und die Gesamtkosten abgetragen sind.

Durch die in dieser Form entstandene Punktwolke wird (nach Augenmaß) eine Ausgleichsgerade gezeichnet, wobei die Abstände der einzelnen Punkte zur Geraden sich „nach oben und unten" möglichst zu Null ausgleichen sollen.

Der Schnittpunkt der Geraden auf der Kostenachse gibt die Fixkosten, die Steigung der Geraden die variablen Kosten/Stück an.

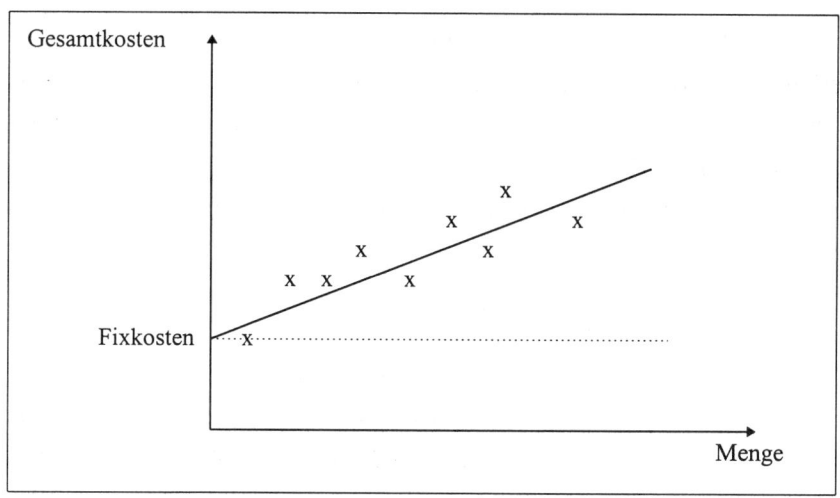

Abbildung 4.2: Grafische Kostenspaltung

Die hier vorgestellte **mathematische Kostenspaltung** benötigt zur Ermittlung der fixen und variablen Kosten lediglich zwei Kosten-Mengen-Verhältnisse aus vergangenen Perioden. Sind mehrere Verhältnisse bekannt, so sind nach der Hoch-Tief-Punkt-Methode jene auszuwählen, die stellvertretend für den höchsten und für den niedrigsten Beschäftigungsstand stehen, sie sollten beide jedoch normale Beschäftigungssituationen repräsentieren. Die beiden Beschäftigungsgrade (x_1 und x_2) gehen mit den dazugehörigen Gesamtkosten (K_1 und K_2) in den folgenden Ansatz ein:

$$\text{Variable Kosten/Stück} = k_v = \frac{K_2 - K_1}{x_2 - x_1}$$

Im Anschluß an die Bestimmung der variablen Kosten pro Stück, können über die Multiplikation mit den jeweiligen Mengen die variablen Kosten pro Periode errechnet werden. Die Fixkosten ergeben sich als Differenz zwischen den Gesamtkosten und den variablen Kosten pro Periode. Schließlich ist die Kostenfunktion zu bestimmen:

$$K = K_f + k_v * x$$

Wie im Falle der grafischen Methode wird auch hier von einem linearen Verlauf der Kostenkurve ausgegangen. Nachteilig an dieser mathematischen Methode ist sicherlich der Sachverhalt, daß nur zwei empirische Wertepaare in die Berechnung eingehen. Dieser Nachteil kann jedoch ausgeglichen werden, wenn anstelle des vorgestellten einfachen Verfahrens eine Regressionsanalyse durchgeführt wird.

Beispiel 4.4: Mathematische Kostenspaltung

In einem Unternehmen sind mehrere Kosten-Mengen-Verhältnisse aus vergangenen Perioden bekannt. Die niedrigste Beschäftigung lag hierbei bei 60 Stück, die höchste bei 80 Stück je Periode. Im ersten Fall fielen DM 320.000, im zweiten Fall DM 400.000 an Gesamtkosten an. Als variable Kosten pro Stück werden somit:

$$k_v = \frac{\text{DM } 400.000 - \text{DM } 320.000}{80 \text{ Stück} - 60 \text{ Stück}} = \text{DM } 4.000$$

bestimmt.

Die Gesamtkosten der Periode mit hoher Beschäftigung von DM 400.000 verteilen sich auf variable Gesamtkosten von (4.000 * 80 =) DM 320.000 und Fixkosten von DM 80.000. Bei Gesamtkosten von DM 320.000 in der anderen Periode entfallen DM (4.000 * 60 =) DM 240.000 auf den variablen Anteil und DM 80.000 auf den fixen. Die Kostenfunktion lautet: K = 80.000 + 4.000x.

Alle vorgestellten Verfahren weisen mehrere gemeinsame Nachteile auf. Einerseits ist dies die Orientierung an Kostensituationen vergangener Perioden, die sich ohne weiteres nicht auf aktuelle oder kommende Zeiträume übertragen lassen. Zum anderen wird die Möglichkeit von Kostensprüngen durch Durchschreiten von Kapazitätsintervallen (intervallfixe Kosten, siehe Kapitel 2.3.1) ignoriert.

Schließlich ist zu bedenken, daß bestimmte Kosten bei rückläufiger Beschäftigung nicht in dem Maße sinken, wie sie bei steigender Beschäftigung zunehmen (**Kostenremanenz**). Gründe für Kostenremanenz sind z. B. gesetzliche und tarifvertragliche Kündigungsbestimmungen, die Einhaltung von Abnahmeverpflichtungen gegenüber Lieferanten oder auch die fehlende Möglichkeit, angeschaffte Werkzeuge und Maschinen zu angemessenen Preisen verkaufen zu können.

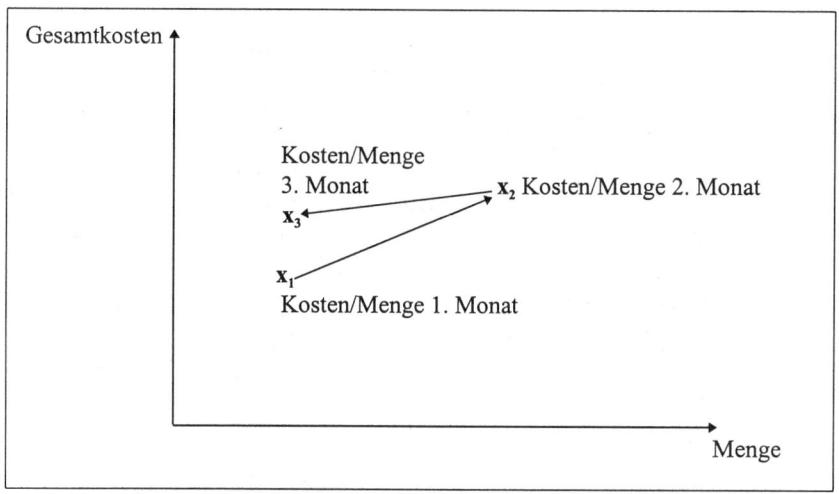

Abbildung 4.3: Kostenremanenz

Die Kostenartenrechnung im Falle der einstufigen Deckungsbeitragsrechnung schließt mit dem erstellten Kostenartenplan ab, in dem die Gesamtkosten in fixe und variable (proportionale) Kosten gegliedert sind.

Beispiel 4.5: Kostenartenplan im Direct Costing

In einem Fertigungsbetrieb wurde für den Abrechnungszeitraum folgender Kostenartenplan erstellt:

Kostenarten	Gesamtkosten (in DM)	davon: Fixkosten (in DM)	davon: variable Kosten (in DM)
Materialeinzelkosten	372.986	0	372.986
Fertigungseinzelkosten	1.176.079	0	1.176.079
Sondereinzelkosten der Fertigung	13.222	0	13.222
Sondereinzelkosten des Vertriebs	7.619	0	7.619
Summe der Einzelkosten	**1.569.906**	**0**	**1.569.906**
Hilfslöhne und Gehälter	1.001.110	988.310	12.800
Sozialaufwendungen	199.700	196.710	2.990
Material und Energiekosten	72.260	10.690	61.570
Fremdleistungskosten	62.370	430	61.940
Steuern, Beiträge, Versicherungen	43.900	42.390	1.510
Raumkosten	54.910	50.800	4.110
Werbung	22.490	14.090	8.400
Allgemeine Verwaltungskosten	102.709	29.149	73.560
Abschreibungen	77.024	61.004	16.020
Zinsen	94.866	86.266	8.600
Kalkulatorische Wagnisse	9.000	460	8.540
Summe der Gemeinkosten	**1.740.339**	**1.480.299**	**260.040**

4.2.2 Kostenstellenrechnung

Die Kostenstellenrechnung entspricht hinsichtlich der einzelnen Stufen der Abrechnung größtenteils jener der Vollkostenrechnung, wobei einige Besonderheiten zu berücksichtigen sind.

Zunächst erfolgt die Verteilung der primären Gemeinkosten auf die Kostenstellen. Während die der Kostenstelle willkürfrei zurechenbaren Fixkosten und variablen Kostenstelleneinzelkosten (z. B. Gehalt des Stellenleiters, Fremdreparaturen) direkt zugeordnet werden, sind die nicht direkt einer Stelle zurechenbaren Fixkosten und variablen Kostenstellen-gemeinkosten (Abschreibungen auf Gebäude, Telefonkosten) geschlüsselt auf die Stellen zu verteilen. Ergebnis dieses Abrechnungsgangs ist die Verteilung der Kosten auf die einzelnen Stellen, wobei neben den Gesamtkosten auch die fixen und die variablen Kosten ausgewiesen werden.

Bei der innerbetrieblichen Leistungsverrechnung werden nur die variablen Kostenbestandteile der leistungsabgebenden Stellen weiterverrechnet. Für die leistungsempfangende Stelle muß bei jeder bewerteten innerbetrieblichen Leistungseinheit geklärt werden, ob diese ihren variablen oder fixen Kosten zuzuordnen ist.

Beispiel 4.6: Innerbetriebliche Leistungsverrechnung (Direct Costing)

In der Hilfskostenstelle Arbeitsvorbereitung fielen DM 132.170 an primären Gemeinkosten an. Hiervon waren DM 124.180 fixe, der Rest variable Kosten. Im Rahmen der Durchführung der innerbetrieblichen Leistungsverrechnung erhält die Stelle von anderen Hilfskostenstellen Kostenzurech-nungen, so daß sie im Anschluß daran 125.158,80 an fixen und DM 8.184,80 an variablen Gemeinkosten aufweist. Die Arbeitsvorbereitung erbrachte insgesamt eine innerbetrieb-liche Leistung von 6.095 Stunden, hiervon 2.150 Stunden für die Fertigungsstelle 1. Damit werden dieser Fertigungshaupt-kostenstelle Kosten von (2150/6.095 * 8.184,80 =) DM 2.887,17 zugerechnet. Nun ist zu entscheiden, ob die zuge-rechneten Kosten - aus Sicht der Fertigungsstelle - variable oder fixe Kosten sind. Da ihre Bezugsgröße nicht wie im Falle der liefernden Stelle Stunden, sondern die produzierte Menge in Stück ist, werden - nach entsprechender Überlegung - 75% als Fixkosten und 25% als variable Kosten angesetzt.

Nach der Durchführung der innerbetrieblichen Leistungsverrechnung sind auf den Hilfskostenstellen ausschließlich fixe Gemeinkosten vorhanden, während auf den Hauptkostenstellen fixe und variable Kosten differenziert ausgewiesen werden.

Beispiel 4.7: Kostenstellenkosten im Direct Costing

Im Anschluß an die Durchführung der innerbetrieblichen Leistungsverrechnung liegt folgender BAB vor (alle Angaben in TDM):

BAB	Hilfskosten-stellen (Hiko)			Hauptkostenstellen (Hauko)				
	Hiko 1	Hiko 2	Hiko 3	Hauko 1	Hauko 2	Hauko 3	Hauko 4	Hauko 5
Variable Gemein-kosten-Summe	0	0	0	56,0	73,6	16,3	51,1	43,9
Fixe Ge-mein-kosten-Summe	35,5	25,1	98,2	377,9	351,6	44,4	377,5	163,3

Alternativ könnten die fixen Kostenträgergemeinkosten auch, ohne die Kostenstellenrechnung zu durchlaufen, direkt aus der Kostenartenrechnung in die Kostenträgerzeitrechnung aufgenommen werden. Damit verbunden wäre jedoch eine nur eingeschränkte Kontrolle der Wirtschaftlichkeit der Kostenstellen möglich.

Zur Ermittlung der proportionalen Zuschlagssätze der Hauptkostenstellen sind die variablen Gemeinkosten der Kostenstellen durch ihre jeweilige Bezugsgröße zu dividieren.

$$\text{Proportionaler Zuschlagssatz} = \frac{\text{Variable Gemeinkosten der Kostenstelle}}{\text{Bezugsgröße der Kostenstelle}}$$

Als Bezugsgrößen für die Fertigungs- und Materialstelle können die dort angefallenen Einzelkosten gewählt werden.

Als Bezugsgröße der Verwaltungskostenstelle werden häufig die variablen Herstellkosten der Produktion, als Bezugsgröße der Vertriebsstelle die variablen Herstellkosten des Umsatzes verwandt. Die Ermittlung dieser Bezugsgrößen erfolgt nach dem nachstehenden Schema:

>   Materialeinzelkosten
> + variable Materialgemeinkosten
> + Fertigungseinzelkosten
> + variable Fertigungsgemeinkosten
> + Sondereinzelkosten der Fertigung
> = **variable Herstellkosten der Produktion**
> - Bestandsmehrungen zu variablen Herstellkosten
> + Bestandsminderungen zu variablen Herstellkosten
> - andere aktivierte Eigenleistungen zu
>   variablen Herstellkosten
> = **variable Herstellkosten des Umsatzes**

Beispiel 4.8: Ermittlung proportionaler Zuschlagssätze im Direct Costing
Unter Bezugnahme auf die in Beispiel 4.7 aufgeführten Gemeinkosten sind die Zuschlagssätze für die Hauptkostenstellen zu ermitteln.

	angefallene Einzelkosten:
Hauko 1: Fertigungsstelle 1	DM 610.030
Hauko 2: Fertigungsstelle 2	DM 979.046
Hauko 3: Materialstelle	DM 474.985
Hauko 4: Verwaltung	-
Hauko 5: Vertrieb	-

Die in der Periode entstandenen Bestandsmehrungen (-minderungen) belaufen sich auf DM 51.450 (DM 14.440), jeweils zu variablen Herstellkosten bewertet.

Die variablen Herstellkosten der anderen aktivierten Eigenleistungen betragen DM 16.150.

Die variablen Herstellkosten der Produktion ergeben sich über das o. g. Schema zu DM 2.209.961, die variablen Herstellkosten des Umsatzes belaufen sich auf DM 2.156.801.

Damit resultieren die folgenden proportionalen Zuschlagssätze:

MGK-Zuschlagssatz: DM 16.300 / DM   474.985 = 3,43%
FGK-Zuschlagssatz 1:   DM 56.000 / DM   610.030 = 9,18%
FGK-Zuschlagssatz 2:   DM 73.600 / DM   979.046 = 7,52%
VwGK-Zuschlagssatz: DM 51.100 / DM 2.209.961 = 2,31%
VtGK-Zuschlagssatz: DM 43.900 / DM 2.156.801 = 2,04%

4.2.3 Kostenträgerstückrechnung

Die für die Vollkostenrechnung aufgezeigten Kalkulationsformen sind auch im Rahmen eines Direct Costings anwendbar, sofern auf die Verrechnung der Fixkosten auf die Kostenträger verzichtet wird. So würden im Falle einer einstufigen Divisionskalkulation die gesamten variablen Kosten durch die Absatz-, zugleich Produktionsmenge, dividiert, im Rahmen einer Äquivalenzziffernrechnung wäre von den variablen Stückkosten der Einheitssorte auszugehen und bei einer Zuschlagskalkulation würden die soeben erläuterten proportionalen Zuschlagssätze verwendet.

Beispiel 4.9: Zuschlagskalkulation im Direct Costing

Aufgrund einer Kundenanfrage sind die variablen Herstell- und Selbstkosten unter Verwendung der im Beispiel 4.8 errechneten Zuschlagssätze zu bestimmen. Die Materialeinzelkosten betragen DM 81.000 und die Fertigungseinzelkosten in der Fertigungsstelle 1 (2) belaufen sich auf DM 7.800 (DM 6.100). Weiterhin sind Sondereinzelkosten der Fertigung von

134

DM 1.900 und Sondereinzelkosten des Vertriebs von DM 700 zu berücksichtigen.

Aufgrund der langjährigen Kundenbeziehung ist bekannt, daß der Kunde bei diesem Auftrag maximal dazu bereit ist, DM 120.000 zu zahlen.

Materialeinzelkosten:	DM	81.000,00
Variable Materialgemeinkosten:	DM	2.778,30
Fertigungseinzelkosten 1:	DM	7.800,00
Variable Fertigungsgemeinkosten 1:	DM	716,04
Fertigungsgemeinkosten 2:	DM	6.100,00
Variable Fertigungsgemeinkosten 2:	DM	458,72
Sondereinzelkosten der Fertigung:	DM	1.900,00
Variable Herstellkosten:	**DM**	**100.753,06**
Variable Verwaltungsgemeinkosten:	DM	2.327,40
Variable Vertriebsgemeinkosten:	DM	2.055,36
Sondereinzelkosten des Vertriebs:	DM	700,00
Variable Selbstkosten:	**DM**	**105.835,82**

Damit liegen die variablen Selbstkosten unterhalb des Preises, den der Kunde maximal zu zahlen bereit ist.

Ein Gewinn kann erst in dem Fall entstehen, in dem die gesamten - in der Kalkulation des Beispiels 4.9 vernachlässigten - Fixkosten/Periode gedeckt sind. Wird der Auftrag im Beispiel zum Preis von DM 120.000 ausgeführt, so ist zunächst lediglich ein positiver Deckungsbeitrag in Höhe von DM 14.164,18 entstanden. Damit ist der Betrag bestimmt, den dieser Auftrag zur Deckung der Fixkosten/Periode erbringt.

Während kurzfristig die variablen Kosten/Stück die Preisuntergrenze im Falle vorliegender Unterbeschäftigung des Betriebes darstellen können (db = 0), kann dieser doch langfristig nur existieren, wenn seine gesamten Kosten durch den erzielten Umsatz getragen werden ($DB \geq K_f$).

Die Deckungsbeitragsrechnung wird in der betrieblichen Praxis einerseits zur Vorkalkulation im Rahmen der Bestimmung eines Angebotspreises eingesetzt, andererseits dient sie auch der Kontrolle der Wirtschaftlichkeit einzelner Kostenträger auf dem Wege einer Nachkalkulation.

Zur Ermittlung eines Angebotspreises wird neben den variablen Stückkosten der angestrebte Deckungsbeitrag benötigt. Dieser wird i. d. R. auf der Basis des Tragfähigkeitsprinzips erhoben als:

1. absoluter Deckungsbeitrag (in DM);
2. prozentualer Deckungsbeitrag in % der variablen Stückkosten;
3. prozentualer Deckungsbeitrag in % des Verkaufspreises.

Resultiert der Verkaufspreis im ersten Falle aus der Addition der variablen Kosten und des erwünschten Deckungsbeitrags, sind in den beiden zuletzt genannten Fällen zunächst Deckungsbeitrags-Zuschlagssätze zu bestimmen. Im zweiten Falle ergibt sich dieser über den Ansatz:

$$\text{Zuschlagssatz} = \frac{\text{Deckungsbeitrag}}{\text{variable Kosten}}$$

Wird der Deckungsbeitrag in % des Verkaufspreises verrechnet, so resultiert der Zuschlagssatz über den Ansatz:

$$\text{Zuschlagssatz} = \frac{1}{1 - \text{Deckungs(beitrags)faktor}}$$

$$\text{Deckungsfaktor} = \frac{\text{Deckungsbeitrag}}{\text{Verkaufspreis}}$$

4.2.4 Kostenträgerzeitrechnung

Der Betriebserfolg kann auch bei einer einstufigen Deckungsbeitragsrechnung nach dem Gesamt- oder dem Umsatzkostenverfahren bestimmt werden.

Die Ergebnisrechnung nach dem **Gesamtkostenverfahren** entspricht dem folgenden Abrechnungsgang:

>   Erlöse
> +/- Bestandsveränderungen zu
>   variablen Herstellkosten
> + Andere aktivierte Eigenleistungen
>   zu variablen Herstellkosten
> -   Variable Kosten der Periode
> = Gesamtdeckungsbeitrag der Periode
> -   Fixkosten der Periode
> = **Betriebserfolg**

Zu den variablen Periodenkosten zählen neben den variablen Herstellkosten auch die variablen Verwaltungs- und Vertriebsgemeinkosten sowie die Sondereinzelkosten des Vertriebs.

Das Betriebsergebnis nach dem **Umsatzkostenverfahren** wird über die folgende Rechnung ermittelt:

>   Erlöse
> - variable Kosten der abgesetzten Einheiten
> = Gesamtdeckungsbeitrag der Periode
>   Fixkosten der Periode
> = **Betriebserfolg**

Die variablen Kosten der abgesetzten Einheiten ergeben sich aus der Addition der variablen Herstellkosten des Umsatzes, den variablen Verwaltungs- und Vertriebsgemeinkosten und den Sondereinzelkosten des Vertriebs.

Beide Verfahren führen zum gleichen Betriebsergebnis. Die Ergebnisrechnung auf der Basis der Teilkostenrechnung führt jedoch nur dann zum gleichen Ergebnis wie in der Vollkostenrechnung, wenn in der Periode keine Lagerbestandsveränderungen oder andere aktivierte Eigenleistungen zu verzeichnen sind. Liegen Bestandsmehrungen oder andere aktivierte Eigenleistungen vor, so ist das Betriebsergebnis einer Vollkostenrechnung stets höher als das Ergebnis einer Teilkostenrechnung. Wurden Bestandsminderungen realisiert, ist das Ergebnis einer Teilkostenrechnung stets höher. Die Ursache hierfür soll für den Fall einer Bestandserhöhung im folgenden einfachen Beispiel verdeutlicht werden.

Beispiel 4.10: Betriebsergebnis in der Voll- und Teilkostenrechnung

Ein Betrieb produzierte im abgelaufenen Monat 50.000 kg, wovon 30.000 kg zum Preis von DM 30/kg verkauft werden konnten. Die Gesamtkosten von DM 1,35 Mio. teilten sich auf in Fixkosten von DM 600.000 und variable Kosten von DM 750.000.

1. Ergebnisrechnung nach dem Gesamtkostenverfahren:

	Vollkostenrechnung	**Teilkostenrechnung**
Erlöse:	DM 900.000	DM 900.000
+ Bestands- erhöhung:	DM 1,35 Mio./50.000 = DM 27 * 20.000 = DM 540.000	DM 750.000/50.000 = DM 15 * 20.000 = DM 300.000
- Gesamtkosten:	DM 1,35 Mio.	DM 1,35 Mio.
= Betriebserfolg:	**DM 90.000**	**DM -150.000**

Der Ergebnisunterschied von DM 240.000 resultiert aus dem Sachverhalt, daß die Lagerleistung bei der Vollkostenrechnung auch zu anteiligen Fixkosten von DM 12/kg bewertet wird, während diese in der Teilkostenrechnung lediglich mit den variablen Kosten zum Ansatz gelangt.

2. Ergebnisrechnung nach dem Umsatzkostenverfahren:

	Vollkostenrechnung	Teilkostenrechnung
Erlöse:	DM 900.000	DM 900.000
- Kosten	DM 27 * 30.000 = DM 810.000	DM 15 * 30.000 = DM 450.000 + DM 600.000
= **Betriebserfolg:**	**DM 90.000**	**DM -150.000**

Der Unterschied im Betriebserfolg erklärt sich hier dadurch, daß in der Teilkostenrechnung nicht nur die fixen Kosten der abgesetzten kg, sondern die gesamten Fixkosten der Periode en bloc in Abzug gelangen.

Die einstufige Deckungsbeitragsrechnung zeichnet sich gegenüber der Vollkostenrechnung in erster Linie dadurch aus, daß die Proportionalisierung fixer Gemeinkosten und deren willkürliche Schlüsselung auf das einzelne Kalkulationsobjekt unterbleibt. Allerdings weist sie auch einige Mängel auf:

- Das Verfahren unterstellt ausschließlich proportionale variable Kosten, dies ist jedoch realitätsfern.
- Die Beschäftigung ist sicherlich nicht die einzige Kosteneinflußgröße, andere, wie z. B. die Zusammensetzung von Aufträgen, werden nicht berücksichtigt.
- Das Verfahren liefert keinen Anhaltspunkt zur Ermittlung geeigneter Zuschläge auf die variablen Kosten im Rahmen der Preiskalkulation.
- Grundsätzlich hängt die Güte des Verfahrens auch davon ab, inwieweit es tatsächlich gelingt, fixe und variable Gemeinkosten zu trennen. Zu berücksichtigen ist hierbei z. B., daß Fertigungs(zeit-)löhne als variable Kosten behandelt werden, obgleich sie doch zumindest kurzfristig beschäftigungsunabhängig sind (Kündigungsfristen).
- Die Aussagefähigkeit der Deckungsbeiträge ist dadurch beeinträchtigt, daß variable Gemeinkosten auf Kostenträger geschlüsselt werden, obwohl sie nicht in jedem Falle Einzelkosten sind und die Zurechnung damit unterbleiben müßte.

Ein weiteres Argument gegen die einstufige Deckungsbeitragsrechnung richtet sich gegen ihre undifferenzierte Behandlung der Fixkosten, die als Block dem Deckungsbeitrag/Periode gegenübergestellt werden. Damit wird auf eine detaillierte Erfolgsbeurteilung verzichtet, denn häufig können Fixkostenteile durchaus bestimmten Bezugsobjekten, wie einzelnen Betrieben, Bereichen oder Produktgruppen zugeordnet werden.

An diesem zuletzt genannten Kritikpunkt setzt die mehrstufige Deckungsbeitragsrechnung an, die nun Gegenstand der Ausführungen ist.

4.3 Mehrstufige Deckungsbeitragsrechnung

Der Unterschied zwischen der mehrstufigen Deckungsbeitragsrechnung (auch als Fixkostendeckungsrechnung oder Schichtkostenrechnung bekannt) und dem einfachen Direct Costing liegt in der differenzierten Behandlung der Fixkosten/Periode. Diese werden nicht als Block in die Ergebnisrechnung aufgenommen, sondern in verschiedene Schichten aufgeteilt, so daß sie „so früh wie möglich" nach dem Verursachungsprinzip, folglich als Einzelkosten, bestimmten Bezugsgrößen zugeordnet werden können. Als Bezugsgrößen im Betrieb dienen dabei beispielsweise die Produktarten, die Produktgruppen, die Kostenstellen, die Betriebsbereiche und das gesamte Unternehmen. Insofern lassen sich folgende Fixkostenschichten bilden:

- **Produktfixkosten**
  Fixkosten, die sich zwar nicht dem einzelnen Produkt, wohl aber der gesamten Produktart willkürfrei zurechnen lassen, sind beispielsweise Forschungskosten, Entwicklungskosten, Kosten für Spezialwerkzeuge oder die Abschreibungen auf eine Einproduktanlage, ferner Patentgebühren für eine Produktart oder auch die Kosten für eine spezifische Marketingmaßnahme, die dem Absatz einer Produktart dienen soll.

- **Produktgruppenfixkosten**
  Fixkosten, die entfielen, wenn eine Produktgruppe eliminiert würde, so z. B. die Miete für ein Gebäude, in welchem mehrere Produktarten her-

gestellt werden, kann zwar nach dem Verursachungsprinzip nicht der einzelnen Produktart, jedoch der Produktgruppe zugerechnet werden.

- **Kostenstellenfixkosten**

  Das Gehalt des Leiters einer Kostenstelle ist freilich nicht den einzelnen Produktgruppen, die in dieser Kostenstelle bearbeitet werden, wohl aber der Kostenstelle verursachungsgerecht zurechenbar.

- **Bereichsfixkosten**

  Sind mehrere Kostenstellen zu einem Unternehmensbereich zusammengefaßt, so kann das Gehalt des Bereichsleiters zwar nicht der einzelnen Kostenstelle, jedoch dem gesamten Bereich zugeordnet werden.

- **Unternehmensfixkosten**

  Fixkosten, die sich auf unteren Schichten nicht zuordnen lassen, weil sie für mehrere Bereiche anfallen, stellen Unternehmensfixkosten dar. Nur bei Schließung des gesamten Unternehmens würden sie entfallen. Beispiele für diesen Fixkosten-Rest sind Vorstandsgehälter, Kosten für eine PR-Maßnahme für das gesamte Unternehmen oder auch u. U. das Gehalt des Pförtners in der Verwaltung.

Das Grundschema der Betriebsergebnisrechnung im Rahmen der mehrstufigen Deckungsbeitragsrechnung ist in der Tabelle 4.2 dargelegt.

Tabelle 4.2: Betriebsergebnisrechnung in der Fixkostendeckungsrechnung

Erlöse
- variable Kosten der Produkte
= Deckungsbeitrag 1
- Produktfixkosten
= Deckungsbeitrag 2
- Produktgruppenfixkosten
= Deckungsbeitrag 3
- Kostenstellenfixkosten
= Deckungsbeitrag 4
- Bereichsfixkosten
= Deckungsbeitrag 5
- Unternehmensfixkosten
= Betriebsergebnis

Die mehrstufige Deckungsbeitragsrechnung ermöglicht einen differenzierten Einblick in die Erfolgsstruktur eines Unternehmens, denn die gestuften Deckungsbeiträge zeigen auf, in welchem Maße einzelne Bezugsobjekte einen Anteil an der Deckung der nächsthöheren Fixkostenschicht haben.

Beispiel 4.11: Fixkostendeckungsrechnung

Für einen Betrieb liegt folgende Betriebsergebnisrechnung für den abgelaufenen Monat vor (alle Angaben in DM):

Bereich	I					II	
Produktgruppe	1		2			3	
Produktart	A	B	C	D	E	F	G
Erlöse	2.500	4.000	2.250	1.500	1.250	3.500	3.250
- Variable Kosten	1.750	3.000	1.000	750	500	2.000	2.000
= Deckungsbeitrag 1	750	1.000	1.250	750	750	1.500	1.250
- Produktfixkosten	100	100	150	50	100	250	200
= Deckungsbeitrag 2	650	900	1.100	700	650	1.250	1.050
Summe DB 2	*1.550*		*2.450*			*2.300*	
- P.-gruppenfixkosten	700		1.500			750	
= Deckungsbeitrag 3	850		950			1.550	
Summe DB 3	*1.800*					*1.550*	
- Bereichsfixkosten	800					500	
= Deckungsbeitrag 4	1.000					1.050	
Summe DB 4	*2.050*						
- Unternehmensfixkosten	700						
= Betriebsergebnis	**1.350**						

Werden die Fixkosten je Stufe auf den unmittelbar vor ihnen angeordneten Deckungsbeitrag bezogen und als %-Satz ermittelt, können die so gewonnenen Fixkostenprozentsätze auch zu Kalkulationszwecken verwandt werden. Sofern sie jedoch nicht nur zu einer Nachkalkulation, sondern auch zur Ermittlung eines Angebotspreises angesetzt werden, kann dies als Rückfall in die Problematik der Vollkostenrechnung gewertet werden.

Die Fixkostendeckungsrechnung stellt im Vergleich zur einstufigen Deckungsbeitragsrechnung für zahlreiche Entscheidungen die bessere Dispositionsgrundlage dar, so z. B. für die Entscheidung zur Schließung eines Betriebsteils oder auch der Erfolgsbeurteilung von Ergebnisverantwortlichen. Im übrigen bleiben die zum Direct Costing erwähnten Probleme bestehen.

4.4 Relative Einzelkostenrechnung

Die Teilkostenrechnung auf der Basis relativer Einzelkosten wurde von Riebel entwickelt. Rechnungsziel ist es, über den Ausweis verschiedener Deckungsbeiträge die Folgen von Entscheidungen auf den Unternehmenserfolg darzulegen. Die gegenüberzustellenden Kosten und Leistungen sind dabei nach dem Identitätsprinzip immer auf die sie bewirkenden Entscheidungen zurückzuführen (identischer Ursprung von Zurechnungsobjekt und Kosten). Die Differenzierung von Einzel- und Gemeinkosten ist in diesem Rechnungssystem relativ, da sie von der jeweiligen Bezugsgröße abhängt.

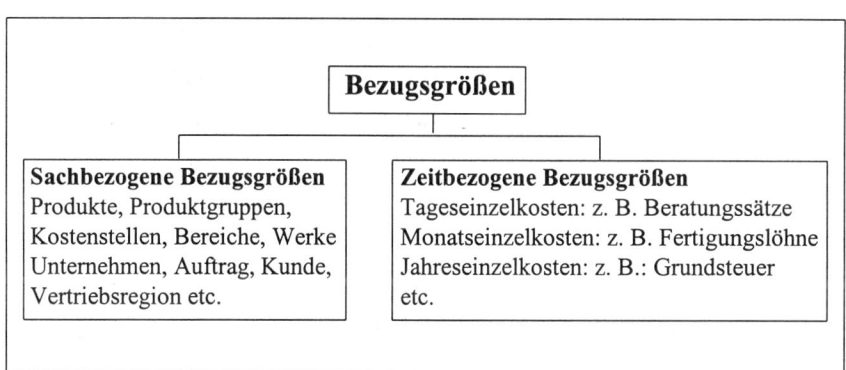

Abbildung 4.4: Bezugsgrößen der relativen Einzelkostenrechnung

Zur Kostenerfassung ist eine Bezugsgrößenhierarchie zu bilden. Im Anschluß sind alle Kostenarten auf der jeweils untersten Hierarchieebene auszuweisen, wo man sie gerade noch als Einzelkosten erfassen kann.

Gemeinkosten würden nur in der Situation entstehen, in der Kosten zu einer Bezugsgröße in Beziehung gesetzt werden, mit der kein kausaler Zusammenhang existiert. Damit sie nicht entstehen, gilt es, Kosten ohne Identität zu einer Bezugsgröße zu vermeiden.

Alle Kostenarten werden den Kategorien der Leistungskosten und Bereitschaftskosten zugeordnet. Erstere sind Kosten, die in Abhängigkeit von Art, Menge und Wert der erzeugten oder abgesetzten Produkte variieren. Sie lassen sich weiter in absatzabhängige (z. B. Verkaufsprovisionen oder Frachten) und erzeugungsabhängige (Rohstoff- oder Energiekosten etc.) Leistungskosten gliedern. Bereitschaftskosten verändern sich in Abhängigkeit des Auf- oder Abbaus der Betriebsbereitschaft. Sie lassen sich in Perioden-Einzelkosten (sind unmittelbar einer Periode zurechenbar, wie z. B. Gehälter), Perioden-Gemeinkosten geschlossener Perioden (sind nur mehreren Perioden, jedoch einer definierbaren übergeordneten Periode zurechenbar, wie z. B. mehrjährige Lizenzgebühren) und Perioden-Gemeinkosten offener Perioden (beruhen auf einmaligen oder unregelmäßigen Ausgaben für zunächst nicht bestimmbare Zeiträume, z. B. Forschungskosten) gliedern.

Die Kosten und Erlöse werden in der Grundrechnung der Kosten, als kombinierter Kostenarten-, stellen- und -trägerrechnung, ausgewiesen. Die Grundrechnung ist eine Tabelle, in deren Spalten die Zurechnungsobjekte und in deren Zeilen die nach den o. g. Kriterien gegliederten Kostenarten aufgenommen sind. Sie dient als Datenpool für Auswertungsrechnungen, die zur Lösung von Planungs-, Steuerungs- und Kontrollaufgaben angestellt werden.

Mit den Auswertungsrechnungen werden Deckungsbeiträge für Kostenträger oder andere Zurechnungsobjekte bestimmt. Der Beitrag eines Zurechnungsobjektes zur Deckung seiner Gemeinkosten wird dabei über den folgenden Ansatz bestimmt:

Deckungsbeitrag = rel. Einzelerlöse - rel. Einzelkosten des Objekts

Hinsichtlich der verursachungsgerechten Kostenzuordnung ist die relative Einzelkostenrechnung das konsequenteste Kostenrechnungssystem. Der zentrale Unterschied zu den vorgestellten Deckungsbeitragsrechnungen, die auf der Grundlage variabler Kosten die Abhängigkeit der Kosten vom Beschäftigungsgrad betrachten, besteht in der Differenzierung der Kosten nach ihrer Zurechenbarkeit auf die verschiedenen Bezugsgrößen. Zudem liegt der relativen Einzelkostenrechnung der entscheidungsorientierte Kostenbegriff (siehe Kapitel 2.1.4) zugrunde, welcher eher pagatorischen Charakter aufweist. Die Stärke des Systems liegt sicherlich in der Verdeutlichung der für die einzelnen Kostenentscheidungen relevanten Kosteninformationen und dem Verzicht auf eine Kostenschlüsselung. Die praktische Anwendbarkeit der relativen Einzelkostenrechnung ist jedoch sehr umstritten. Ihre Mehrdimensionalität, die abweichende Definition zahlreicher konventioneller Begriffe der KLR und auch der Sachverhalt, daß durch die fehlende Zurechnung der Gemeinkosten offener Perioden kein Betriebserfolg, sondern lediglich ein Periodenbeitrag bestimmt wird, läßt sie als interessanten Denkansatz erscheinen, der ggf. als Ergänzungsrechnung zu konventionellen KLR-Systemen geeignet ist.

4.5 Lösung ausgewählter Entscheidungsprobleme

Neben ihrer gegenüber der Vollkostenrechnung verbesserten Aussagefähigkeit hinsichtlich des Erfolgs einzelner Kostenträger oder Perioden eignet sich die Teilkostenrechnung insbesondere auch zur Lösung bestimmter kurzfristiger Entscheidungsprobleme, im Rahmen derer jeweils die optimale Nutzung bereits vorhandener Unternehmenspotentiale im Vordergrund steht.

4.5.1 Break-Even-Analyse

Als Break-Even-Punkt oder Gewinnschwelle wird jene Konstellation bezeichnet, in der die gesamten Kosten den Erlösen entsprechen, folglich eine Null-Gewinn-Situation vorliegt. Das hier vorzustellende Grundmodell der Break-Even-Analyse geht von einem Einproduktunternehmen aus, so daß gilt:

$$\text{Erlöse} = \text{Gesamtkosten}$$

$$p * x = K_v + K_f$$

$$p * x = k_v * x + K_f$$

Als Break-Even-Punkt kann wahlweise die **kritische Menge** (x_{krit}) oder der **kritische Preis** (p_{krit}) ermittelt werden.

Die zu beantwortende Fragestellung im Falle der kritischen Menge bzw. des kritischen Preises lautet:

- Bei welchem Beschäftigungsgrad (alternativ: bei welcher Absatzmenge) werden durch die realisierten Erlöse alle Kosten im Unternehmen gedeckt?
- Ab welchem Verkaufspreis werden durch die erzielten Erlöse alle Kosten im Unternehmen gedeckt?

Zur Beantwortung der ersten Frage erfolgt die Umstellung der oben aufgeführten Gleichung nach der Variablen x:

$$x_{krit} = \frac{K_f}{(p-k_v)} = \frac{K_f}{db}$$

Die Beantwortung der zweiten Frage erfolgt über den Ansatz:

$$p_{krit} = \frac{k_v * x + K_f}{x}$$

Beispiel 4.12: Ermittlung der kritischen Menge und des kritischen Preises

Ein Unternehmen weist Fixkosten von DM 100.000 und variable Kosten von DM 1,50/Stück auf. Bei einer Kapazitätsgrenze von 150.000 Stück im Monat und einem angenommenen Verkaufspreis von DM 2,50/Stück ist die kritische Menge zu bestimmen.

$$x_{krit} = 100.000/(2,50 - 1,50) = 100.000 \text{ Stück.}$$

Kann davon ausgegangen werden, daß im kommenden Monat lediglich 80.000 Stück verkauft werden können, so muß zur Deckung aller anfallenden Kosten der Verkaufspreis:

$$p_{krit} = (1,50 * 80.000 + 100.000)/80.000 = DM \ 2,75$$

betragen.

Alle kritischen Punkte können auch grafisch bestimmt werden, nachfolgend erfolgt dies für die kritische Menge.

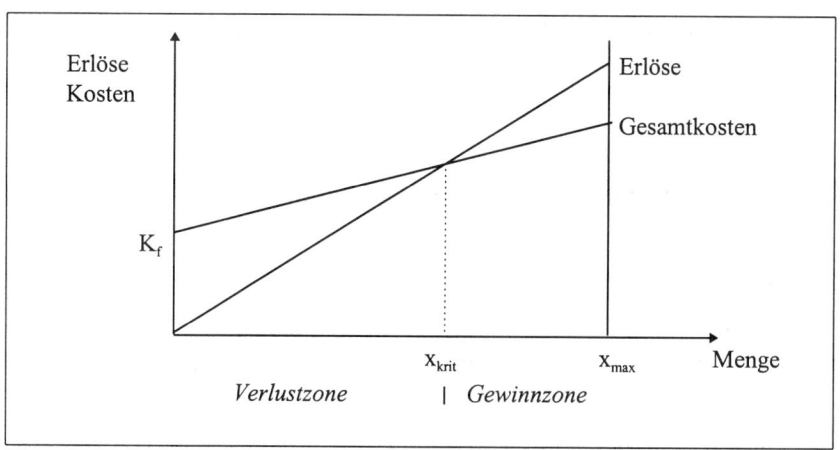

Abbildung 4.5: Grafische Bestimmung der kritischen Menge

Zum besseren Verständnis soll darauf hingewiesen werden, daß mit der Bestimmung eines kritischen Preises bei bekannter Menge und der Bestimmung der kritischen Menge bei bekanntem Preis lediglich zwei von (unendlich) vielen Preis-Mengen-Relationen, die zu einer Null-Gewinn-Situation führen, vorliegen. Dies ist, auf das Beispiel 4.12 bezogen, in der folgenden Abbildung 4.6 verdeutlicht.

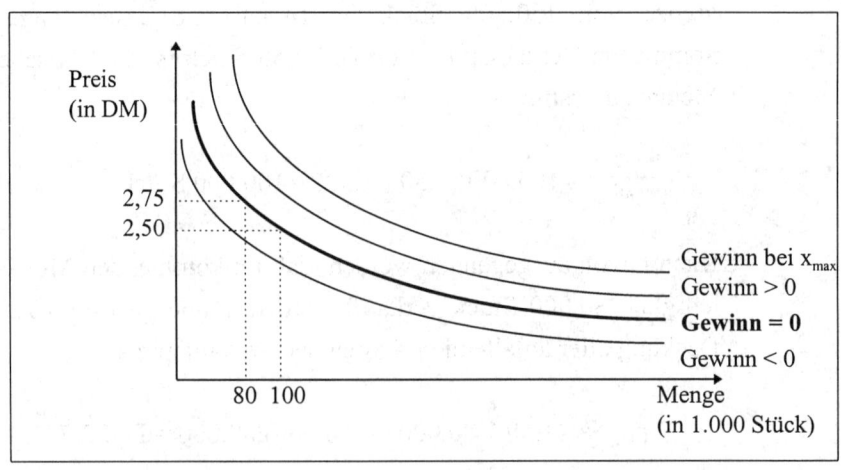

Abbildung 4.6: Preis-Mengen-Kombinationen der Null-Gewinn-Situation

Kritische Punkte können auch für andere Variablen ermittelt werden, so z. B. der kritische Erlös oder die kritischen variablen Kosten/Stück.

Der **Sicherheitsabstand** bringt zum Ausdruck, um wieviel % der Break-Even-Erlös unterhalb des derzeitigen Erlöses liegt.

4.5.2 Bestimmung des Produktionsprogramms

Dispositionen auf der Grundlage von Vollkostenkalkulationen führen aufgrund der Fixkostenproportionalisierung im Rahmen einer Produktions- oder Absatzplanung allenfalls zufällig zum richtigen Ergebnis. Die Bestimmung des optimalen Produktionsprogramms erfolgt im weiteren Verlauf unter Verwendung der einstufigen Deckungsbeitragsrechnung. Hierbei wird jeweils davon ausgegangen, daß die gesamte Fertigungsmenge auch abgesetzt wird (keine Lagerproduktion).

Ein optimales Produktionsprogramm zeichnet sich durch ein maximales Betriebsergebnis aus. Zu seiner Bestimmung sind die zu fertigenden Produkte in der Reihenfolge abnehmender Deckungsbeiträge/Stück zu berücksichtigen.

Sofern **kein Engpaß** im Fertigungs- oder Absatzbereich vorliegt, sind alle Produkte mit positivem Deckungsbeitrag in das Programm aufzunehmen, da sie jeweils einen Beitrag zur Deckung der Fixkosten/Periode erbringen.

Existiert jedoch ein **Absatzengpaß** dergestalt, daß nicht die maximal mögliche Fertigungsmenge pro Produkt des Programms vom Markt abgenommen wird, so sind von allen Produktarten mit positivem Deckungsbeitrag die jeweils absetzbaren Mengen herzustellen.

Beispiel 4.13: Produktionsprogramm bei Absatzengpaß

In einem Unternehmen können 4 unterschiedliche Produkte hergestellt werden. Die maximal absetzbare Menge pro Periode bei Produkt A beträgt 4.000, bei Produkt B 7.000, bei Produkt C 1.500 und bei Produkt D 3.000 Stück. Die Fixkosten der gesamten Produktion/Periode belaufen sich auf DM 40.000. Die folgenden Daten sind zudem bekannt:

Produkt	Verkaufspreis/Stück	Variable Stückkosten
A	DM 15,00	DM 6,00
B	DM 9,80	DM 5,80
C	DM 17,20	DM 7,20
D	DM 8,30	DM 9,10

Das optimale Produktionsprogramm und der damit einhergehende Betriebserfolg ist nachstehend dargelegt.

Produkt	A	B	C	D
Deckungsbeitrag/Stück	DM 9,00	DM 4,00	DM 10,00	- DM 0,80
Rangfolge im Produktionsprogramm	2	3	1	wird nicht berücksichtigt
Produktions- = Absatzmenge (Stück)	4.000	7.000	1.500	0
Deckungsbeitrag gesamt	DM 36.000	DM 28.000	DM 15.000	DM 0
Fixkosten	DM 40.000			
Betriebserfolg	**DM 39.000**			

Ein **Engpaß im Fertigungsbereich** kann sich beispielsweise in der Form auswirken, daß eine Fertigungskapazität zu berücksichtigen ist.

Beispiel 4.14: Produktionsprogramm bei Absatz- und Fertigungsengpaß

In Abwandlung des Beispiels 4.13 können im vorgestellten Unternehmen maximal 10.000 Stück pro Periode produziert werden.

Produkt	C	A	B
Deckungsbeitrag/Stück	DM 10,00	DM 9,00	DM 4,00
Rangfolge im Produktionsprogramm	1	2	3
Produktions- = Absatz-menge (Stück)	1.500	4.000	4.500
Anschließende freie Kapazität (Stück)	8.500	4.500	0
Deckungsbeitrag gesamt	DM 15.000	DM 36.000	DM 18.000
Fixkosten	DM 40.000		
Betriebserfolg	**DM 29.000**		

Das optimale Produktionsprogramm lautet: 1.500 C, 4.000 A und 4.500 B.

Beanspruchen die Produkte einen Engpaß in unterschiedlichem Ausmaß, so müssen zur Bildung der Rangfolge der Produkte im Programm anstelle von absoluten (DM pro Stück), spezifische Deckungsbeiträge verwendet werden. **Ein spezifischer Deckungsbeitrag** gibt an, in welchem Ausmaß ein Produkt den Engpaß wirtschaftlich ausnutzt (DM pro Engpaßeinheit).

Beispiel 4.15: Spezifischer Deckungsbeitrag

In erneuter Abwandlung des Beispiels 4.14 sind nun die folgenden Maschinen-Belegungszeiten zu berücksichtigen:

Maschinen-Belegungszeiten:
Produkt A: 40 Minuten
Produkt B: 5 Minuten
Produkt C: 20 Minuten

Die genannte Maschine kann pro Periode maximal 1.600 Stunden (= 96.000 Minuten) eingesetzt werden. Die bereits genannten Absatzrestriktionen gelten auch weiterhin.

Produkt	A	B	C
Deckungsbeitrag/Stück	DM 9,00	DM 4,00	DM 10,00
Deckungsbeitrag/Minute	DM 0,225	DM 0,80	DM 0,50
Rangfolge im Produktionsprogramm	3	1	2

Damit resultiert das folgende Betriebsergebnis:

Produkt	B	C	A
Deckungsbeitrag/Stück	DM 4,00	DM 10,00	DM 9,00
Maximale Absatzmenge	7.000	1.500	4.000
Tatsächliche Absatzmenge	7.000	1.500	31.000/40 = 775
Zeitbedarf in Minuten	5/Stück = 35.000	20/Stück = 30.000	40/Stück
Anschließende freie Kapazität (Minuten)	61.000	31.000	0
Deckungsbeitrag gesamt	DM 28.000	DM 15.000	DM 6.975
Fixkosten	DM 40.000		
Betriebserfolg	**DM 9.975**		

Demnach setzt sich das optimale Produktionsprogramm aus 7.000 B, 1.500 C und 775 A zusammen.

Sind weitere Engpäße simultan zu berücksichtigen, so ist zur Bestimmung des optimalen Produktionsprogramms ein simultaner Lösungsansatz über ein lineares Gleichungssystem notwendig.

4.5.3 Sonstige Entscheidungsprobleme

Zahlreiche weitere Entscheidungsprobleme lassen sich durch den Einsatz der Teilkostenrechnung lösen. So z. B die Frage nach der künftigen Eigenfertigung oder dem alternativen Fremdbezug, oder auch die Entscheidung hinsichtlich der Annahme oder Ablehnung eines Zusatzauftrags.

Das Entscheidungsproblem „**Eigenfertigung oder Fremdbezug**" (Make-or-buy-Entscheidung) tritt nicht nur im Bereich der Fertigungplanung, sondern auch in anderen Funktionsbereichen des Unternehmens auf, so u. a. bei den folgenden Fragestellungen:

- Soll der Verkauf über angestellte Vertriebsmitarbeiter oder selbständige Handelsvertreter abgewickelt werden?
- Soll eine eigene Kantine errichtet oder ein Cateringunternehmen beauftragt werden?
- Soll die Personalsuche über ein eigenes Personalbüro oder eine Personalberatungsgesellschaft erfolgen?

Im einfachen Fall läßt sich der Fremdbezug als „Produktionsverfahren" auffassen, in welchem nur variable, nicht jedoch fixe Kosten anfallen (p_{fremd} = Preis für eine fremdbezogene Einheit). Die Kostenfunktion lautet:

$$K_{fremd} = p_{fremd} * x$$

Den Kosten bei Fremdbezug sind die entscheidungsrelevanten Kosten bei Eigenfertigung gegenüberzustellen. Langfristig sind hierbei neben den variablen Kosten auch die anfallenden Fixkosten zu berücksichtigen, welche kurzfristig entscheidungsirrelevant sind. Zudem ist zu bedenken, daß im kurzfristigen Bereich ein oder mehrere Kapazitätsengpässe auftreten können.

Beispiel 4.16: Kurzfristige Make-or-buy-Entscheidung ohne Engpaß

Ein Bäcker produziert drei verschiedene Backwaren, Brötchen, Brot und Brezel. Neuerdings bemüht sich eine Backwarenkette darum, daß er die zu verkaufenden Produkte fertig bei ihr bezieht. Der Bäcker stellt folgende Kosten zusammen:

	Menge/Periode	p_{fremd}	Eigenfertigung Variable Stückkosten	Eigenfertigung Gesamte Stückkosten
Brot	500 Stück	DM 1,10	DM 0,75	DM 1,05
Brezel	250 Stück	DM 0,83	DM 0,60	DM 0,95
Brötchen	1.000 Stück	DM 0,20	DM 0,10	DM 0,18

Würde der Bäcker nun auf Basis einer Vollkostenrechnung zum Ergebnis gelangen, die Brezel kurzfristig fremdzubeziehen, da deren gesamten Kosten/Stück bei Eigenfertigung höher sind als bei Fremdbezug, so wäre dies falsch. Der Grund hierfür liegt darin, daß die in den gesamten Stückkosten anteilig verrechneten Fixkosten in Höhe von DM 0,35 * 250 = DM 87,50 auch bei Fremdbezug kurzfristig weiterhin anfallen. Auf der Grundlage einer Teilkostenrechnung sind alle drei Produkte kurzfristig weiterhin selbst zu produzieren, weil die variablen Kosten/Stück bei Eigenfertigung niedriger sind als bei Fremdbezug.

Ist kurzfristig ein betrieblicher Engpaß zu berücksichtigen, so können nicht alle Produkte, deren variable Stückkosten niedriger sind als die Kosten bei Fremdbezug, eigengefertigt werden. Die Verlagerung der Produktion auf einen Lieferanten führt zu verlagerungsbedingten Mehrkosten in Höhe von $p_{fremd} - k_v$ und einer Engpaßentlastung je Einheit (t_E). Die zu minimierenden spezifischen Mehrkosten bei Fremdfertigung resultieren über den Ansatz:

$$\text{Spezifische Mehrkosten bei Fremdfertigung} = \frac{p_{fremd} - k_v}{t_E}$$

Beispiel 4.17: Kurzfristige Make-or-buy-Entscheidung mit Engpaß

Ein Unternehmen produziert vier verschiedene Produkte (I-IV), die jeweils zu einem höheren Preis auch fremdbezogen werden könnten. Alle Produkte müssen auf einer Anlage produziert werden, deren maximale Belegungszeit 160 Stunden/Periode beträgt (t = jeweilige Belegungsdauer je Einheit).

Produkte	x in kg	t in Minuten	p_{fremd}	k_v
I	300	20	DM 40	DM 30
II	250	12	DM 34	DM 20
III	200	10	DM 42	DM 18
IV	100	8	DM 16	DM 10

153

Würden alle benötigten Produkte selbst gefertigt werden, würde die vorhandene Kapazität überschritten (6.000 + 3.000 + 2.000 + 800 = 11.800 Minuten bei einer Kapazität von 9.600 Minuten). Damit ist zunächst eine Rangfolge der Produkte nach den spezifischen Mehrkosten bei Fremdfertigung zu erstellen.

Produkte	$\dfrac{p_{fremd} - k_v}{t_E}$	Rang
I	DM 0,50/Minute	4
II	DM 1,17/Minute	2
III	DM 2,40/Minute	1
IV	DM 0,75/Minute	3

Die Fremdfertigung des Produkts III kostet DM 2,40 für jede Minute Engpaßentlastung und ist damit am teuersten. Damit hat das Produkt höchste „Eigenfertigungspriorität". Die Verteilung der knappen Eigenfertigungskapazität ist nachfolgend aufgeführt:

Produkte	Produktionsmenge	Produktionszeit	Anschließende freie Kapazität
III	200 kg	2.000 Minuten	7.600 Minuten
II	250 kg	3.000 Minuten	4.600 Minuten
IV	100 kg	800 Minuten	3.800 Minuten
I	190 kg	3.800 Minuten	0 Minuten

Folglich werden 110 kg des Produkts I fremdbezogen.

Sind mehrere Engpäße zu berücksichtigen, so ist die Lösung wiederum über ein lineares Gleichungssystem zu suchen.

Da langfristig auch der betriebliche Produktionsmittelbestand variierbar ist, sind neben den variablen Eigenfertigungskosten auch die fixen entscheidungsrelevant. Der Lösungsansatz zur Bestimmung der kritischen Produktionsmenge, ab der sich z.B. die Eigenfertigung rentiert, oder zur Ermittlung des kritischen Fremdbezugspreises, stellt eine spezielle Break-Even-Rechnung dar:

$$p_{fremd} * x = k_v * x + K_f$$

Sollen bislang fremdbezogene Produkte künftig selbst gefertigt werden und sind hierfür Investitionen notwendig, so sind die geplanten Zahlungen auf den Zeitpunkt ihres zeitlichen Anfalls abzuzinsen, entsprechende Entscheidungen bedürfen folglich des Einsatzes von Instrumenten der (dynamischen) Investitionsrechnung.

Das Entscheidungsproblem „**Annahme oder Ablehnung eines Zusatzauftrags**" ist in Abhängigkeit der Beschäftigungssituation zu lösen. Ist zur Auftragserledigung eine freie Kapazität verfügbar (Unterbeschäftigung), so ist ein Zusatzauftrag dann anzunehmen, wenn ein positiver Stückdeckungsbeitrag erreicht werden kann (p - kv > 0). Ist diese nicht verfügbar (Überbeschäftigung), so konkurriert der Zusatzauftrag mit einem bereits vorhandenen, auf welchen zur Durchführung des Zusatzauftrags verzichtet werden müßte. In dieser Situation sind Opportunitätskosten zu berücksichtigen.

Beispiel 4.18: Annahme eines Zusatzauftrags

Ein Einprodukt-Betrieb weist eine Kapazitätsgrenze von 1.000 Stück/Monat auf. Die Fixkosten belaufen sich auf DM 10.000/Monat, die variablen Stückkosten auf DM 8. Der übliche Verkaufspreis beträgt DM 20/Stück. Derzeit sind mehrere Aufträge disponiert, die Kapazitätsauslastung beträgt 90%.

Ein Kunde ist zur Plazierung eines Auftrags über 150 Stück zum Preis von DM 15 bereit. Dieser könnte nur dann ausgeführt werden, wenn auf einen bereits disponierten Auftrag von 50 Stück zu DM 20/Stück verzichtet wird. Dem zusätzlichen Deckungsbeitrag von DM 7 * 150 Stück = DM 1.050 stehen Opportunitätskosten (entgangener Deckungsbeitrag) von DM 12 * 50 = DM 600 entgegen. Der Zusatzauftrag sollte angenommen und der disponierte (soweit möglich) nachträglich abgelehnt werden. Das Betriebsergebnis würde hierdurch um DM 450 ansteigen.

Übungsaufgaben zum 4. Kapitel

Aufgabe 4.1:

Ein Unternehmen fertigt drei verschiedene Produkte, Engpässe sind nicht zu berücksichtigen. Am Monatsende liegen die folgenden Daten vor:

Produkt	Produktions- = Absatzmenge in kg	Umsatz	Gesamtkosten
I	120	TDM 600	TDM 480
II	72	TDM 432	TDM 360
III	120	TDM 672	TDM 720

Unter Vollkostengesichtspunkten erscheint die Eliminierung des Produkts III sinnvoll. Zeigen Sie die möglichen Probleme einer solchen Entscheidung auf.

Aufgabe 4.2:

Erläutern Sie die Unterschiede zwischen den Ihnen bekannten Teilkostenrechnungssystemen.

Aufgabe 4.3:

In einem Betrieb sollen die Gesamtkosten in ihren variablen und fixen Teil unter Verwendung der mathematischen Kostenspaltung aufgeteilt werden. Es liegen hierzu folgende Angaben zu zwei Perioden vor:

	Produktionsmenge:	Gesamtkosten:
Periode 1:	5.000 Stück	DM 200.000
Periode 2:	19.000 Stück	DM 280.000

a) Bestimmen Sie die Kostenfunktion.

b) Beurteilen Sie die Tauglichkeit des in a) angewandten Verfahrens.

Aufgabe 4.4:

Erläutern Sie die Begriffe „Grenzkosten" und „Kostenremanenz".

Aufgabe 4.5:

Ein Betrieb führt die Kostenstellen- und -trägerrechnung im Rahmen eines Direct Costings durch. Für den vergangenen Monat liegen die im folgenden BAB angegebenen Werte (in TDM) vor.

Die variablen Kosten der allgemeinen Hilfskostenstelle sind auf die ihre Leistung empfangenden Hauptkostenstellen im Verhältnis 6,5 zu 66,0 zu 27,5 in der Reihenfolge ihrer Anordnung umzulegen. Dabei stellen die sekundären Gemeinkosten für die Hauptkostenstellen in unterschiedlichem Ausmaß variable und fixe Kosten dar:

Materialkostenstelle:	6/13 fix und 7/13 variabel,
Fertigungskostenstelle:	1/11 fix und 10/11 variabel,
Verwaltungskostenstelle:	47/55 fix und 8/55 variabel.

Bestimmen Sie die proportionalen Zuschlagssätze.

Kostenstelle / Kostenarten	Gesamt-kosten	Allgemeine Hilfskosten-stelle		Material-kostenstelle		Fertigungs-kostenstelle		Verwaltungs-kostenstelle	
		K_f	K_v	K_f	K_v	K_f	K_v	K_f	K_v
Primäre Gemeinkosten	800	31	20	85	22	272	17	328	25
Umlage			⌐→						
Primäre und sekundäre Gemeinkosten									
Bezugsbasen: -Material- einzelkosten -Fertigungs- einzelkosten -Variable Her- stellkosten					200		400		?
Proportionale Zuschlags-sätze									

Aufgabe 4.6:

In einem Unternehmen wurden im vergangenen Monat 13.500 kg eines Produktes hergestellt, wovon 10.800 kg zu einem Preis von DM 180/kg verkauft werden konnten. Die Herstellkosten beliefen sich auf DM 1,62 Mio., hiervon waren 2/3 fix und 1/3 variabel. Verwaltungs- und Vertriebskosten fielen in Höhe von DM 0,54 Mio. an.

a) Bestimmen Sie das Betriebsergebnis nach dem Umsatzkostenverfahren auf der Basis eines Voll- und eines Teilkostenansatzes.

b) Wodurch erklärt sich der Ergebnisunterschied in a)?

Aufgabe 4.7:

Die Firma X AG hat sich vor einiger Zeit auf die Herstellung des Elektro-Fahrzeugs „Öko-Sport" spezialisiert. Im vergangenen Jahr 1997 stellte sie hiervon 450 Stück her, die sie zum Preis von jeweils DM 18.500 absetzen konnte. Produziert wurden diese 450 Stück im Rahmen einer Werkstatt-fertigung mit einer Kapazität von 500 Einheiten. Insgesamt fielen im Jahr 1997 Kosten von DM 7,92 Mio. an, die sich in Fixkosten von DM 2,43 Mio. und variable Kosten von DM 5,49 Mio. aufteilen lassen. Die Gesamt-marktnachfrage im Bundesgebiet entwickelte sich in der Vergangenheit wie folgt:

1994	845 Stück
1995	929 Stück
1996	1.022 Stück
1997	1.125 Stück

Der Marktanteil (= Absatz/Gesamtmarktnachfrage) der X AG war in diesen Jahren relativ konstant. Sorge bereitet der Unternehmensleitung nun die in naher Zukunft erwartete, verstärkt aufkommende Konkurrenz. So kündigte ein renommiertes japanisches Unternehmen in einem Artikel einer Fachzeitschrift ein gleichwertiges Modell „Nippon-Sunrise" für DM 17.000,- auf dem deutschen Markt für das nächste Jahr an. Bei weiterhin geltendem Verkaufspreis rechnet die Marketing-Abteilung daher für das nächste Jahr mit einem Absinken des Marktanteils um 20 % (nicht Prozentpunkte !).

Das Unternehmen produziert grundsätzlich nicht auf Lager (Produktions-= Absatzmenge).

a) Wie groß mußte 1997 die Absatzmenge mindestens sein, damit die X AG zumindest keinen Verlust (Gewinn = 0) realisiert hätte ?

160

b) Erstellen Sie eine Prognose der voraussichtlichen wirtschaftlichen Situation für das Jahr 1998 (bei gleichem Verkaufspreis, Fixkosten und variablen Kosten/Stück).

c) Zur Verbesserung der wirtschaftlichen Situation in 1998 werden der Unternehmensleitung von verschiedenen Personen die folgenden Vorschläge unterbreitet, die jeweils isoliert voneinander zu beurteilen sind. Gleichen Sie vor Ihrer Beurteilung der Vorschläge Ihr Ergebnis aus b) mit dem Ergebnis aus der Musterlösung ab.

Vorschlag 1:
Die Verschrottung überalteter Anlagen und damit einhergehende Kapazitätsreduzierung um 25 % würde die Fixkosten um DM 130.000 und die variablen Kosten auf DM 11.500/Stück senken.

Vorschlag 2:
Der Austausch der Altanlagen gegen moderne Maschinen würde die Kapazität auf 530 Stück erhöhen. Die variablen Kosten ließen sich hierdurch auf DM 10.100 reduzieren, allerdings würden die Fixkosten auf DM 3 Mio. ansteigen.

Vorschlag 3:

Die Umstellung der Produktion auf Fließfertigung würde zu variablen Kosten von DM 8.600 und Fixkosten von DM 3,6 Mio. führen. Die Kapazität ließe sich auf 600 Stück steigern.

Vorschlag 4:

Die Erhöhung des Marktpreises auf DM 18.900 würde zu einer zusätzlichen Reduzierung des Marktanteils von 15% (nicht Prozentpunkte) führen.

Vorschlag 5:

Eine Produktverbesserung (Reichweitenerhöhung) könnte zur Sicherung des Marktanteils von 40% führen. Damit verbundene einmalige Kosten (Entwicklung, Werbung) belaufen sich auf voraussichtlich DM 320.000.

Aufgabe 4.8:

Ein Unternehmen produziert drei verschiedene Produkte unter Verwendung eines gleichen Rohstoffs bei unterschiedlichem Mengeneinsatz (ohne Lagerproduktion). Der Rohstoffverbrauch darf pro Periode maximal 270.000 kg betragen. Aufgrund von absatzpolitischen Restriktionen sind bei der Programmplanung für alle Produkte Mindest- und Höchstmengen zu beachten. Die Fixkosten belaufen sich auf DM 3,8 Mio./Periode.

Produkt	Deckungs- beitrag/Stück	Rohstoffver- brauch/Stück	Mindestpro- duktionsmenge	Maximale Pro- duktionsmenge
A	DM 90	6,75 kg	9.000 Stück	17.000 Stück
B	DM 50	4,50 kg	18.000 Stück	90.000 Stück
C	DM 30	1,35 kg	36.000 Stück	50.000 Stück

Bestimmen Sie das optimale Produktionsprogramm und den damit einhergehenden Betriebserfolg.

5. Grundlagen der Plankostenrechnung

5.1 Überblick

Zur Lösung der Planungsaufgaben der KLR sind Ist- und Normalkostenrechnungen i. d. R. ungeeignet, bilden sie doch anstelle künftiger Konsequenzen der getroffenen Entscheidungen die (durchschnittlichen) vergangenen Folgen ab. Auch die zweckmäßige Vorkalkulation und Kostenkontrolle sollte im Rahmen einer Plankostenrechnung erfolgen.

Die Plankostenrechnung ist dadurch zu kennzeichnen, daß die von ihr verwandten Rechengrößen auf Schätzungen/Prognosen beruhen. Die im voraus bestimmten und bei planmäßigem Betriebsgeschehen als erreichbar angesehenen Kosten (Plankosten) werden zunächst im Rahmen einer **Vorrechnung** vorgegeben und anschließend mit den durch eine **Nachrechnung** ermittelten, tatsächlich angefallenen Kosten (Istkosten) verglichen. Die festgestellten Abweichungen werden schließlich einer **Abweichungsanalyse** zugeführt.

Es existieren mehrere Plankostenrechnungssysteme. Eine **starre Plankostenrechnung** liegt vor, wenn sich die Kosten auf einen konstanten Beschäftigungsrad beziehen. Im Rahmen der flexiblen Plankostenrechnung können die Kosten für variierende Beschäftigungsgrade bestimmt werden. Basiert letztere auf einer Vollkostenbetrachtung, so liegt eine **flexible Plankostenrechnung auf Vollkostenbasis** vor, basiert sie auf einer Teilkostenbetrachtung, so handelt es sich um eine **Grenzplankostenrechnung**.

Plankostenrechnungssysteme		
Auf Vollkostenbasis		Auf Teikostenbasis
Starre Plankostenrechnung	**Flexible Plankostenrechnung**	**Grenzplankostenrechnung**
Starre Planbeschäftigung	Flexible Planbeschäftigung	

Abbildung 5.1: Systeme der Plankostenrechnung

5.2 Flexible Plankostenrechnung auf Vollkostenbasis

Im Rahmen der flexiblen Plankostenrechnung werden fixe und variable Kosten differenziert. Dadurch wird es möglich, Kostenvorgaben nicht nur für die zunächst festgelegte Planbeschäftigung, sondern auch für jede andere im Anschluß beobachtete Ist-Beschäftigung zu bestimmen. Die Kostenvorgabe für die jeweilige Ist-Beschäftigung sind die Sollkosten, welche ausgehend von den Plankosten unter Berücksichtigung der Ist-Beschäftigung ermittelt werden.

5.2.1 Kostenplanung

Eine zentrale Aktivität der Plankostenrechnung ist die Festlegung der **Planbeschäftigung** als der erwarteten Leistung einer Kostenstelle pro Periode. Zu ihrer Bestimmung bedarf es der Festlegung von **Planbezugsgrößen** für jede Kostenstelle. Diese stellen die für eine Kostenstelle gewählte Größe für die Kostenverursachung dar. Die Bezugsgrößen sollten in einer möglichst proportionalen Beziehung zu den Kostenarten einer Kostenstelle stehen.

Beispiel 5.1: Mögliche Planbezugsgrößen für ausgewählte Kostenstellen
Fertigungskostenstellen: Fertigungsmenge oder -zeiten;
Materialkostenstellen: Anzahl der Ein- oder Auslagerungen;
Vertriebskostenstellen: Anzahl der abgewickelten Aufträge.

Nach Möglichkeit sollte pro Kostenstelle nur eine Bezugsgröße definiert werden. Ist dies, z. B. aufgrund der Heterogenität der Leistungen, nicht möglich, können ggf. ähnliche Leistungen mittels Äquivalenzziffern in „Einheitsleistungen" transformiert werden.

Die eigentliche Bestimmung der Plankosten erfolgt i. d. R. differenziert nach Einzel- und Gemeinkosten. So bezieht sich die Planung der Materialeinzelkosten einerseits auf die Planung der Verbrauchsmengen und andererseits auf die Festlegung der Planpreise. Die Mengen können - unter

Berücksichtigung von Plan-Abfallmengen und -ausschuß - aufgrund von Konstuktionszeichnungen, Stücklisten, Verbrauchsfunktionen oder anderer Unterlagen ermittelt werden. Wesentlich ist hierbei, daß sie bei planmäßiger Produktqualität und planmäßigem Produktionsdurchlauf erreichbar sind. Die anschließende Multiplikation des in dieser Form bestimmten Mengenstandards mit Planpreisen führt zu den Plan-Materialeinzelkosten. Sie werden i. d. R. direkt auf die Kostenträger verrechnet. Die Planung der Lohneinzelkosten setzt zunächst für jede Kostenträgereinheit eine Plan-Arbeitszeit voraus. Dabei handelt es sich um jene Zeiten, die bei planmäßiger Produktgestaltung und planmäßigem Produktionsdurchlauf sowie planmäßigen Leistungsgraden der Arbeitskräfte zur Herstellung eines Kostenträgers erforderlich sind. Zur Bestimmung dieser Standardzeiten existieren verschiedene arbeitswissenschaftliche Methoden, auf die an dieser Stelle nicht weiter eingegangen wird. Die Plan-Lohneinzelkosten ergeben sich durch Bewertung der Zeiten mit dem Plan-Lohnsatz.

Die Aufgabe der Gemeinkostenplanung liegt in der Vorgabe der Gemeinkosten je Kostenstelle und Bezugsgröße als Plan-Gemeinkosten für die Planbeschäftigung und Soll-Gemeinkosten für die im nachhinein ermittelte Istbeschäftigung. Zur Planung der Gemeinkosten stehen verschiedene Methoden zur Verfügung. Im Rahmen der statistischen Verfahren werden die Gemeinkosten aus vorliegenden Kostenstatistiken, folglich vergangenheitsorientiert, bestimmt (siehe hierzu die Kapitel 4.2.1 vorgestellten Verfahren zur Kostenspaltung). Analytische Verfahren basieren auf spezifischen Kostenuntersuchungen, wie z. B. Probeläufe, Musterfertigungen oder technischen Studien, unter Loslösung von Vergangenheitswerten. So werden beim Verfahren der planmäßigen Kostenauflösung jene Gemeinkosten der Kostenstelle als variable Kosten deklariert, bei denen zu erwarten ist, daß sie sich in Abhängigkeit der Beschäftigung ändern. Als fixe Kosten werden hingegen jene Kostenarten der Stelle aufgefaßt, bei denen zu erwarten ist, daß sie bei voller Betriebsbereitschaft und Nullproduktion anfallen.

Das Ergebnis der Kostenauflösung kann durch den **Variator** zum Ausdruck gebracht werden:

$$\text{Variator:} \quad \frac{\text{Variable Plankosten}}{\text{Gesamte Plankosten}} \quad * 10$$

Der Variator gibt Auskunft darüber, um wieviel Prozent sich die Gesamtkosten ändern, wenn die festgestellte Ist-Beschäftigung um 10% von der
Plan-Beschäftigung variiert. Ein Variator „0" repräsentiert vollkommen
fixe Gemeinkosten, der Variator „10" vollkommen variable Gemeinkosten.

Beispiel 5.2: Variator für Telefonkosten

In einer Kostenstelle sind für den kommenden Monat Telefonkosten von DM 10.000 geplant, hiervon sind DM 8.000
variabel. Der Variator beträgt demnach 8, d. h. wenn sich die
Beschäftigung in der Kostenstelle um 10% ändert, so verändern sich die Gesamtkosten um 8%.

	Fixkosten	Variable Kosten	Gesamtkosten
Planbeschäftigung = 100%	DM 2.000	DM 8.000	DM 10.000
Istbeschäftigung = 90%	DM 2.000	DM 7.200	DM 9.200
Istbeschäftigung = 110%	DM 2.000	DM 8.800	DM 10.800

Idealtypisch sind für alle Kostenarten einer Kostenstelle Variatoren bestimmt und im Kostenplan der Kostenstelle festgehalten.

Beispiel 5.3: Kostenplan der Kostenstelle 1123

Kostenstelle 1123 Planbezugsgröße: 4.638 Stunden				
Kostenarten	Gesamte Plan- kosten in DM	Variator	Fixe Plan- kosten in DM	Variable Plan- kosten in DM
Kostenart 1	87.144	9,40616	5.175	81.969
Kostenart 2	68.451	6,98427	20.643	47.808
Kostenart 3	2.604	0,00000	2.604	0
Kostenart 4	1.620	9,00000	162	1.458
Kostenart 5	4.224	0.00000	4.224	0
Kostenart 6	840	5,00000	420	420
Summe	**164.883**	**XXXX**	**33.228**	**131.655**

In der Plankalkulation der flexiblen Plankostenrechnung auf Vollkosten-basis wird das Ergebnis der Auflösung in fixe und variable Kostenbe-standteile nicht verwandt. Die Kalkulation erfolgt weiterhin mit dem Plan-kalkulationssatz (k^P) auf Vollkostenbasis:

$$k^P = \frac{K^P}{x^P}$$

5.2.2 Kostenkontrolle und Abweichungsanalyse

Nach Ablauf der Periode können die Ist-Größen ermittelt und den variablen und fixen Plankosten ($K^P = K^P_v + K^P_f$) gegenübergestellt werden. Unter Berücksichtigung der tatsächlichen Beschäftigung (x^I) sind die **Soll-kosten** (K^S) als die an die tatsächliche Beschäftigung angepaßten Plan-kosten zu bestimmen:

$$K^S = K^P_f + K^P_v * \frac{x^I}{x^P} = K^P_f + k^P_v * x^I$$

Die **verrechneten Plankosten** (K^{verrP}) bei Ist-Beschäftigung ergeben sich durch die Multiplikation des Plankalkulationssatzes (k^P) mit der Istbe-schäftigung:

$$K^{verrP} = k^P * x^I$$

Im Unterschied zu den Sollkosten, die die variablen und fixen Kosten differenziert behandeln, kommt es bei den verrechneten Plankosten zur Fixkostenproportionalisierung (siehe hierzu auch die Abbildung 5.2):

$$K^{verrP} = \frac{K^P}{x^P} * x^I$$

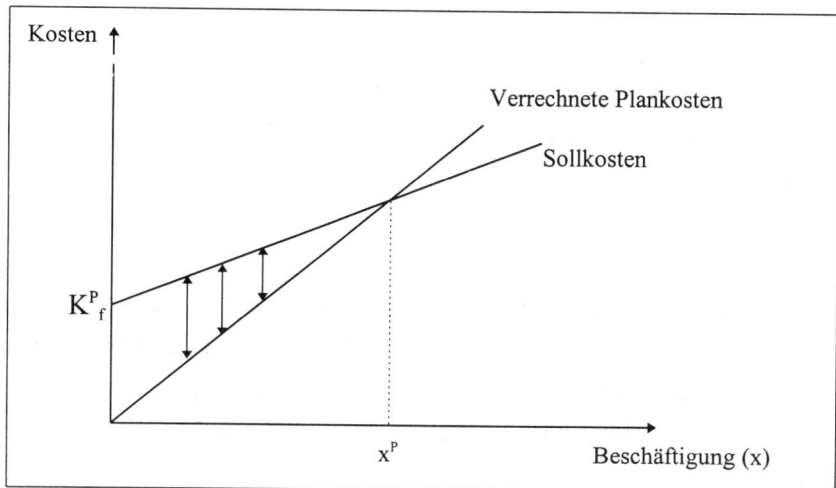

Abbildung 5.2: Sollkosten und verrechnete Plankosten

Eine **Verbrauchsabweichung** ist zu bestimmen, indem von den Istkosten zu Planpreisen die Sollkosten subtrahiert werden:

$$\text{Verbrauchsabweichung} = K^I - K^S$$

Verbrauchsabweichungen basieren aufgrund der Konstanz der Planpreise auf Mengenabweichungen. Die Verbrauchsabweichungen einer Kostenstelle sind damit grundsätzlich vom Leiter der Stelle zu vertreten. Durch eine geeignete Analyse ist hierbei zu überprüfen, ob die Abweichung ggf. auf einer Fehlplanung (z. B. durch eine fehlerhafte Bezugsgrößenwahl) oder einer anderen speziellen Abweichung (z. B. einer ungewöhnlichen Auftragszusammensetzung) beruht, die der Leiter nicht zu verantworten hat.

Als **Beschäftigungsabweichung** wird die Differenz zwischen den Sollkosten und den verrechneten Plankosten bezeichnet:

$$\text{Beschäftigungsabweichung} = K^S - K^{verrP}$$

Diese Abweichungsart ist bei alternativen Beschäftigungsgraden durch die Doppelpfeile in der Abbildung 5.2 gekennzeichnet. Bedingt durch die Fixkostenproportionalisierung der verrechneten Plankosten steht eine Beschäftigungsabweichung stellvertretend für das Ausmaß der Leerkosten an den Fixkosten, sie entfällt, wenn die Planbeschäftigung erreicht wurde. Für Beschäftigungsabweichungen ist der Kostenstellenleiter nicht verantwortlich, da er i. d. R. keinen Einfluß auf die Art der Fixkostenverrechnung hat.

Die **gesamte Mengenabweichung** ergibt sich durch Addition der Verbrauchs- und Beschäftigungsabweichung. Ihr stehen **Preisabweichungen** gegenüber. Preisabweichungen sind für Kosten mit geplantem Mengen- und Preisgerüst bestimmbar, sie ergeben sich durch den Vergleich von Istkosten zu Planpreisen und den Istkosten zu Ist-Preisen. Im Normalfall gehen Preisabweichungen direkt in die Ergebnisrechnung ein, lediglich im Falle von Material- oder Fertigungseinzelkosten werden sie häufig auf die Kostenträger verrechnet.

Beispiel 5.4: Ermittlung von Abweichungen

In der Kostenstelle 1123 aus dem Beispiel 5.3 sind im vergangenen Monat 3.710,4 Stunden angefallen. Die Istkosten zu Istpreisen beliefen sich auf DM 149.607, die Istkosten zu Planpreisen auf DM 146.745.

Unter Berücksichtigung des Beschäftigungsgrades von 80% betragen die Sollkosten damit (33.228 + 0,8 * 131.655 =) DM 138.552. Die verrechneten Plankosten belaufen sich in diesem Monat auf (164.883 * 0,8 =) DM 131.906,40.

Istkosten zu Istpreisen:	DM 149.607,00
− Preisabweichung:	DM 2.862,00
= Istkosten zu Planpreisen:	DM 146.745,00
− Verbrauchsabweichung:	DM 8.193,00
= Sollkosten:	DM 138.552,00
− Beschäftigungsabweichung:	DM 6.645,60
= Verrechnete Plankosten:	DM 131.906,40

Die Ergebnisrechnung nach dem Umsatzkostenverfahren der flexiblen Plankostenrechnung auf Vollkostenbasis folgt nachstehender Struktur:

Erlöse
- Selbstkosten des Umsatzes
  (zu Plankalkulationssätzen)
= Umsatzergebnis
- Mengenabweichungen
- Preisabweichungen
= **Betriebserfolg**

Der Vorteil der flexiblen Plankostenrechnung auf Vollkostenbasis liegt in erster Linie in der substanzhaltigen Kostenkontrolle. Ein wesentlicher Nachteil des Verfahrens besteht darin, daß sich die bereits in Kapitel 4.1.1 genannten Gefahren einer Vollkostenrechnung auch hier konkretisieren können. Zudem wird die Reduzierung aller Einflußgrößen der Kosten eines Betriebs auf die Beschäftigung der komplexen Realität häufig nicht gerecht.

5.3 Starre Plankostenrechnung auf Vollkostenbasis

Die starre Plankostenrechnung ist das einfachste Plankostenrechnungssystem. Die Kostenplanung und -vorgabe erfolgt wie im Falle der flexiblen Plankostenrechnung, allerdings werden alle Kosteneinflugrößen fest vorausgeplant, insbesondere werden Variationen der Beschäftigung vernachlässigt. Die Ermittlung der verrechneten Plankosten entspricht jener der flexiblen Plankostenrechnung:

$$K^{verrP} = \frac{K^P}{x^P} * x^I$$

Die Bestimmung der Sollkosten erfolgt nicht, daher ist eine Ermittlung der Beschäftigungsabweichung nicht möglich. Durch die Gegenüberstellung von Istkosten und verrechneten Plankosten wird lediglich eine **Gesamtabweichung** errechnet.

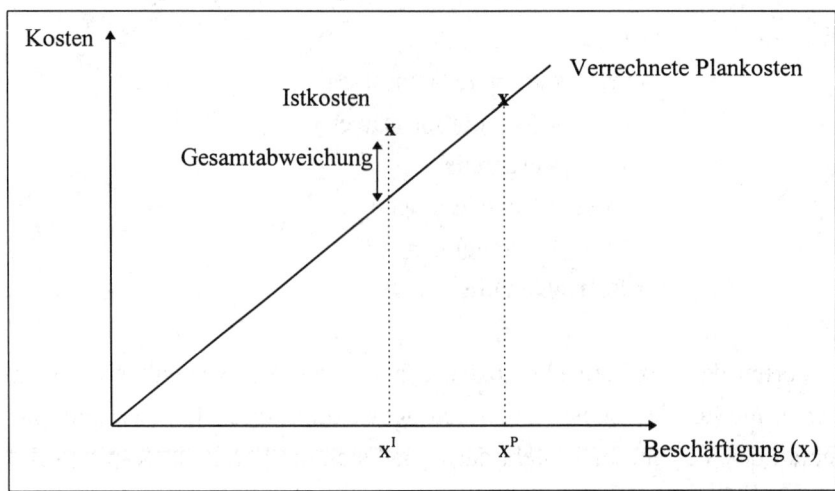

Abbildung 5.3: Gesamtabweichung der starren Plankostenrechnung

Neben den zur flexiblen Plankostenrechnung genannten Nachteilen ist nun zusätzlich die eingeschränkte Aussagefähigkeit der starren Plankostenrechnung anzuführen. Dem steht die relativ einfache Anwendbarkeit gegenüber.

5.4 Grenzplankostenrechnung

Die Trennung von variablen und fixen Kosten wird im Rahmen der flexiblen Plankostenrechnung auf Teilkostenbasis sowohl in der Kostenstellen- als auch in der Kostenträgerrechnung realisiert. Dies ist der wesentliche Unterschied der Grenzplankostenrechnung zur flexiblen Plankostenrechnung auf Vollkostenbasis, damit entfällt die Festlegung der Planbeschäftigung. Der Grenz-Plankalkulationssatz berücksichtigt ausschließlich variable Kosten:

$$k^P_v = \frac{K^P_v}{x^P}$$

172

Die verrechneten Plankosten fallen mit den Sollkosten überein, da von einem linearen Kostenverlauf (proportionale Kosten) ausgegangen wird. Eine Beschäftigungsabweichung kann nicht auftreten, als mögliche Mengenabweichung exisitiert lediglich eine Verbrauchsabweichung.

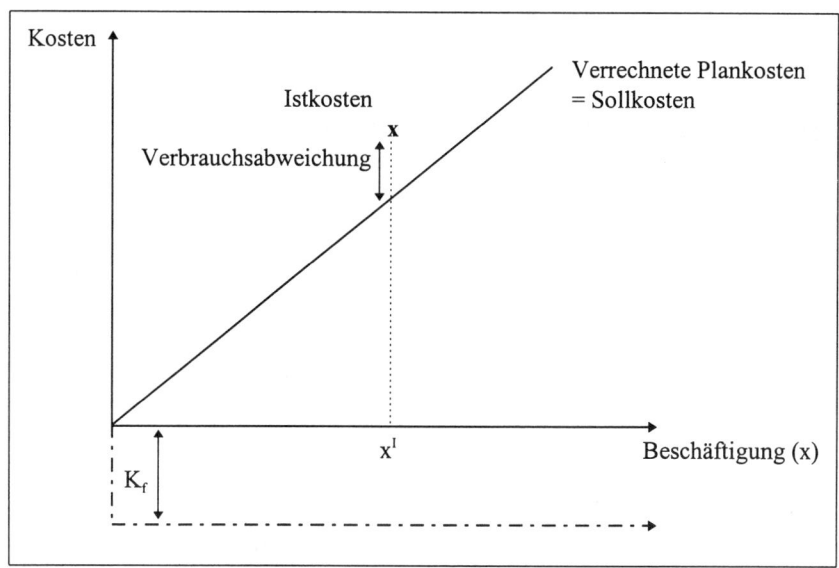

Abbildung 5.4: Abweichungen in der Grenzplankostenrechnung

Die Ergebnisrechnung nach dem Umsatzkostenverfahren der Grenzplankostenrechnung folgt der nachstehenden Struktur:

> Erlöse
> - Selbstkosten des Umsatzes
>   (zu variablen Plankalkulationssätzen)
> = Umsatzergebnis
> - Verbrauchsabweichung
> - Preisabweichungen
> - Fixkosten
> = **Betriebserfolg**

Die Vorteile der Plankostenrechnung folgen den genannten Vorteilen der flexiblen Plankostenrechnung auf Vollkostenbasis, wobei deren aus der Fixkostenproportionalisierung entstehenden Gefahren entfallen.

Übungsaufgaben zum 5. Kapitel

Aufgabe 5.1:
Welche Mengen-Abweichungsarten werden im Rahmen der
a) flexiblen Plankostenrechnung auf Vollkostenbasis,

b) starren Plankostenrechnung auf Vollkostenbasis,

c) Grenzplankostenrechnung

unterschieden?

Aufgabe 5.2:
Welcher ist der zentrale Unterschied zwischen der flexiblen Plankostenrechnung auf Vollkostenbasis und der Grenzplankostenrechnung?

Aufgabe 5.3:
In einer Kostenstelle liegt die Planbeschäftigung bei 1.200 Stunden/Monat.
Die Plankosten belaufen sich auf DM 4 Mio., wovon DM 1 Mio. fixe
Kosten sind. Bei einer Istbeschäftigung von 75% betragen die Istkosten
DM 3,75 Mio. Ermitteln Sie die Verbrauchs- und Beschäftigungsab-
weichung im Rahmen einer flexiblen Plankostenrechnung auf Vollkosten-
basis.

6. Ausblick auf weitere Kostenrechnungssysteme

Die nun in ihren Grundzügen vorzustellenden Kostenrechnungssysteme, die Prozeßkostenrechnung (nach Horváth) und das Target Costing, sind jeweils als Ergänzungen zu bestehenden Voll- oder Teilkostenrechnungssystemen aufzufassen. Wenn sie in den Unternehmen zum Einsatz gelangen, werden sie parallel zur klassischen Kostenrechnung betrieben.

6.1 Prozeßkostenrechnung

Die Prozeßkostenrechnung (Activity Based Costing) entsprang dem Bedürfnis nach einem wirksamen (Voll-)Kostenrechnungssystem, das den Notwendigkeiten der heutigen Zeit gerecht wird. Zwei Tendenzen sind es in erster Linie, die die aktuelle Situation zahlreicher Unternehmen, vom kostenrechnerischen Standpunkt aus betrachtet, kennzeichnen. Dies ist zum einen die, auch aus dem erhöhten Wettbewerbsdruck resultierende, zunehmende Heterogenität des Produktions- und Absatzprogramms, welche die Produktionsmenge (Beschäftigung) als alleinige Kosteneinflußgröße fragwürdig erscheinen läßt und zum anderen der, auch durch die zunehmende Automatisierung bedingte, starke Anstieg der Fix- bzw. Gemeinkosten im Vergleich zu den variablen Kosten bzw. Einzelkosten. Aus diesen Entwicklungen ergeben sich neue Anforderungen an die Ausgestaltung der KLR, speziell hinsichtlich ihrer Informationsabgabe für strategische Produkt- und Produktionsentscheidungen.

Ein wesentliches Kennzeichen der Prozeßkostenrechnung ist der Sachverhalt, daß die Kostenstellen eines Betriebs in den Hintergrund treten und hierfür kostenstellen- und abteilungsübergreifende, wiederholbare **Prozesse** als Größen der Kostenverursachung in den Mittelpunkt der Betrachtung gelangen. Bei diesen Prozessen handelt es sich um Tätigkeiten, die in den verschiedenen Unternehmensbereichen zur Auftragsausführung oder Aufgabenerledigung anfallen.

Die Prozeßkostenrechnung vollzieht sich prinzipiell in drei Schritten:

1. Tätigkeitsanalyse in den Kostenstellen.
2. Bestimmung der Prozeßkostensätze der Teilprozesse.
3. Aggregation der Teil- zu Hauptprozessen und Ermittlung der Prozeß-kostensätze der Hauptprozesse.

Im Rahmen einer Tätigkeitsanalyse werden zunächst die Prozesse der einzelnen Stellen durch Beobachtung oder Interviews ermittelt. Beispiele für solche Teilprozesse sind „Angebote bearbeiten", „Fertigungspläne ändern", „Material bestellen", „Kundenaufträge bestätigen" etc.

Hierbei sind **prozeßmengenabhängige** (leistungsmengeninduzierte) und **prozeßmengenneutrale** (leistungsmengenneutrale) Prozesse zu trennen. Für jeden mengenabhängigen Teilprozeß ist eine Bezugsgröße zur Kostenzuordnung festzulegen, diese sollte proportional zur erbrachten Leistung, operational und leicht verständlich sein. Hierdurch sind die quasi hinter den Prozessen stehenden **Cost Driver** (auch Kosteneinflußgrößen, Kostentreiber oder -antriebskräfte) bestimmt, so u. a.:

- Anzahl Ein- und Auslagerungen in der Materialstelle;
- Anzahl der Produktänderungen in der Konstruktion;
- Anzahl Kundenaufträge im Vertrieb;
- Anzahl Rüstvorgänge in der Fertigung;
- Anzahl Rechnungen in der Verwaltung.

Die Cost Driver stellen in der Prozeßkostenrechnung die Bezugsgröße zur Gemeinkostenverrechnung dar. Dies entspricht in hohem Maße dem Verursachungsprinzip, so sind die Gemeinkosten einer Materialstelle weniger von der Höhe der angefallenen Materialeinzelkosten (als Verrechnungsmaßstab in der Zuschlagskalkulation), sondern im stärkeren Maße von der Anzahl getätigter Bestellungen oder Lagerbewegungen abhängig.

Zu den leistungsmengenneutralen Teilprozessen, bei denen keine mengenmäßigen Bezugsgrößen der Kostenverursachung aufgefunden werden können, zählen beispielsweise die „Leitung der Kostenstelle", oder die „Teilnahme an TQM-Seminaren".

Allen identifizierten Teilprozessen sind verursachungsgerecht Kosten zuzuordnen. Die Zuordnung kann direkt oder indirekt, z. B. über einen Mengenschlüssel erfolgen.

Beispiel 6.1: Zuordnung von Gemeinkosten zu Teilprozessen

> Als ein Teilprozeß wurde in der Kostenstelle Einkauf das „Anfertigen der Bestellungen" festgehalten. Insgesamt fielen in der Kostenstelle DM 800.000 Gemeinkosten an. 7 Mitarbeiter sind in der Kostenstelle beschäftigt, wovon zwei ausschließlich Bestellungen anfertigen. Daher werden dem Teilprozeß DM 228.571,43 zugeordnet.

Für die prozeßmengenabhängigen Teilprozesse können Prozeßkostensätze ermittelt werden:

$$\text{Teilprozeßkostensatz} = \frac{\text{Teilprozeßkosten}}{\text{Prozeßmenge}}$$

Beispiel 6.2: Ermittlung des Teilprozeßkostensatzes

> In der Kostenstelle Einkauf wurden in der vergangenen Periode 76.000 Bestellungen angefertigt. Damit beträgt der Prozeßkostensatz (228.571,43 / 76.000 =) DM 3,01 pro Bestellung.

Die ermittelten Kostensätze können zur Kalkulation (Ermittlung von Preisuntergrenzen, Entscheidung über Eigenfertigung oder Fremdbezug etc.) aber auch zur Wirtschaftlichkeitskontrolle verwandt werden.

Im Anschluß sind die Kosten der prozeßmengenneutralen Tätigkeiten zu verrechnen. Hierzu bestehen mehrere Möglichkeiten. Im einfachen Falle werden sie proportional zum Verhältnis der prozeßmengenabhängigen Kostensätze verteilt. Alternativ könnten sie auch zunächst zu einer übergreifenden Sammelposition „allgemeine Verwaltungskosten" oder „Kosten für allgemeine Aufgaben" zusammengefaßt und im Anschluß auf die spezifischen Prozeßkosten verteilt werden. Letzteres Verfahren bietet den Vorteil der höheren Transparenz, denn damit sind die spezifischen Prozeßkosten frei von (Verwaltungs-)Zuschlägen beurteilbar. Im weiteren Verlauf wird jedoch die unkompliziertere erste Alternative zur Bestimmung der gesamten Teilprozeßkosten-Sätze gewählt.

Beispiel 6.3: Umlage der Kosten für prozeßmengenneutrale Tätigkeiten

In der Kostenstelle Einkauf wurden die folgenden Teilprozesse definiert: TP_1: Anfertigen der Bestellungen, TP_2: Rahmenverträge abschließen, TP_3: Abrufe zu Rahmenverträgen, TP_4: Termine überwachen, TP_5: Kostenstelle leiten. Zu den Prozessen liegen folgende Angaben vor:

Prozeß	Prozeßgrößen (Cost Driver)		Kosten des Prozesses (DM)	Prozeßkostensatz (DM)
	Art	Menge		
TP_1	Anzahl Bestellungen	76.000	228.571,43	3,01
TP_2	Anzahl Rahmenverträge	800	114.285,71	142,86
TP_3	Anzahl Abrufe	24.000	228.571,43	9,53
TP_4	Anzahl (Teil-)Lieferungen	89.000	114.285,71	1,28
TP_5	xxxxx prozeßmengenneutral xxxxx		114.285,71	xxxxxxxxx

Der Umlagesatz für die prozeßmengenneutralen Kosten beträgt (114.285,71 / 685.714,29 =) 16,67%. Die Berücksichtigung der Umlage führt zu folgenden gesamten Prozeßkostensätzen:

Anfertigen der Bestellungen: DM   3,01 * 1,1667 = DM   3,51
Rahmenverträge abschließen: DM 142,86 * 1,1667 = DM 166,67
Abrufe zu Rahmenverträgen: DM   9,53 * 1,1667 = DM   11,12
Termine überwachen: DM   1,28 * 1,1667 = DM   1,49

Die einzelnen Teilprozesse der analysierten Kostenstellen sind schließlich zu einer geringeren Anzahl von kostenstellenübergreifenden Hauptprozessen zu bündeln (siehe Abbildung 6.1). Das Kriterium für die Zusammenfassung von Teilprozessen zu Hauptprozessen ist dabei ihre sachliche Zugehörigkeit. Die Hauptprozesse stellen durch die Aufnahme der Kosten der Teilprozesse einen Kostenpool dar, wird dieser durch die zu definierende Prozeßmenge dividiert, ergibt sich der Kostensatz des Hauptprozesses. Die prozeßorientierten Stückkosten resultieren aus der verursachungsgerechten Zurechnung der relevanten Kostensätze auf die Kostenträger.

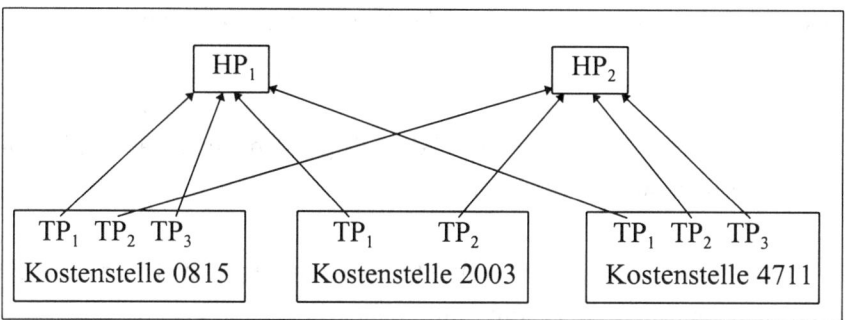

Abbildung 6.1: Zusammenfassung zu Hauptprozessen

Die Prozeßkostenrechnung führte zur weiteren Durchdringung der betrieblichen Gemeinkosten und mit ihrer intensiven Diskussion in Theorie und Praxis wurden sicherlich auch konventionelle Kostenrechnungssysteme und -prinzipien kritisch überdacht. Ob sie jedoch im stärkeren Maße als bislang Einzug in die betriebliche Praxis hält, bleibt abzuwarten. Die teilweise sehr aufwendige Suche nach geeigneten Kostentreibern in vielen Unternehmensbereichen läßt diesbezüglich, insbesondere aus Wirtschaftlichkeitsgründen, Zweifel aufkommen.

6.2 Target Costing

Das Target Costing (Zielkostenrechnung) stellt eine radikale Abkehr vom konventionellen Zusammenspiel von KLR-System einerseits und der Herstellung eines Produktes andererseits dar. Während bislang die KLR vielfach erst in der Phase der Produktherstellung die Frage nach der Höhe der Stückkosten beantwortete, liegt der Ausgangspunkt des Target Costings bereits in der Phase der Produktentwicklung durch die Vorgabe von Zielkosten. Der erzielbare Preis eines Produktes bestimmt dessen Kostenstruktur. Aus der Erfahrung lernend, daß der überwiegende Teil der Kosten eines Produktes bereits vor der Produktion des ersten Stücks festliegt und damit später nicht mehr beeinflußbar ist, ist auf die Kosten vor allem in der Entwicklungsphase Einfluß zu nehmen. Target Costing setzt eine konsequente Marktorientierung des Unternehmens voraus, speziell die Bereiche Marketing, Forschung und Entwicklung und Produktion sind stetig auf den von der Marktforschung ermittelten erzielbaren Preis zu orientieren.

Die (vereinfachte) Vorgehensweise des Target Costings kann mit folgenden Schritten dargestellt werden:

1. Ermittlung des möglichen Marktpreises/Umsatzes und der für die Kunden wesentlichen Produktfunktionen.
2. Bestimmung der zulässigen Kosten (**allowable costs**) durch Subtraktion des Ziel-Gewinns vom möglichen Marktpreis. Diese sind als Gesamtkosten für die geplante Stückzahl zu bestimmen und in der Realität nicht oder nur unter großen Anstrengungen zu erreichen.
3. Der Block der zulässigen Kosten wird auf alle am Wertschöpfungsprozeß beteiligten betrieblichen Funktionen und Komponenten aufgespalten.
4. Den allowable costs werden die **drifting costs** gegenübergestellt. Diese repräsentieren jene Kosten, die im Unternehmen unter Anwendung derzeit bestehender Produktionsweisen für das Produkt anfallen würden.
5. Solange die drifting costs höher sind als die allowable costs, ist systematisch nach Kostensenkungspotentialen (andere Materialien, Technologien etc.) zu suchen.
6. Aus dem permanenten Abgleich von drifting costs und allowable costs werden letztlich verbindliche Zielkosten (**target costs**) abgeleitet.

Die Vorteile des Target Costings bestehen darin, daß den Erfordernissen des Absatzmarktes Rechnung getragen wird und notwendige Maßnahmen zur Kostenreduzierung frühzeitig erkannt und ergriffen werden können. Hierbei ist es auf eine es unterstützende betriebliche KLR angewiesen, die in der Praxis anzutreffenden Kostenrechnungssysteme können diese Unterstützungsleistung jedoch nur sehr selten erbringen.

Tips zur Lösung der Übungsaufgaben

Aufgabe 2.1:

a)   Es handelt sich um eine Einzahlung in Höhe von DM 500.000.

Der Erhöhung des Zahlungsmittelbestands steht eine Erhöhung der Verbindlichkeiten gegenüber, das Sachvermögen bleibt konstant.

b)   Einzahlung = Einnahme = Ertrag = DM 10.000.

Das Sachvermögen ändert sich nicht, da die Maschine auf DM 0 abgeschrieben ist. Der Verkauf einer Maschine ist jedoch nicht Betriebszweck eines Handwerkers (damit keine Leistung).

c)   Auszahlung = Ausgabe = Aufwand = DM 500.

Auch die Spende eines Industrieunternehmens liegt nicht im Rahmen des eigentlichen Betriebszwecks eines Industrieunternehmens (keine Kosten).

d)   Ausgabe = DM 80.000.

Der Zahlungsmittelbestand wurde noch nicht verringert. Die Verbindlichkeiten sind jedoch bereits entstanden. Der Verringerung im Geldvermögen steht eine Erhöhung im Sachvermögen gegenüber, Aufwand und Kosten entstehen erst bei Verbrauch der Rohstoffe.

e)   Keine der aufgeführten Stromgrößen liegt vor.

Es handelt sich lediglich um eine Verlagerung im Zahlungsmittel-bestand.

Aufgabe 2.4:

Opportunitätskosten sind nicht berücksichtigt.

Aufgabe 3.4:

a) Die Abschreibung beträgt jährlich DM 102.000.

Aufgrund des Anspruchs des Unternehmers ist vom Wiederbe-schaffungswert anstelle des Anschaffungswertes auszugehen.

b) Die Abschreibung im ersten Jahr beträgt DM 237.060.

Zur Ermittlung des konstanten Abschreibungssatzes ist der in Kapitel 3.1.2.5 vorgestellte Ansatz zu wählen.

Aufgabe 3.5:

Die kalkulatorischen Zinsen betragen DM 7.000/Monat.

Das Betriebsgrundstück stellt kein abnutzbares Anlagevermögen dar und ist daher in voller Höhe zu berücksichtigen.

Der Kontokorrentzinssatz wird dem Anspruch eines mittleren Zins-satzes für Eigen- und Fremdkapital nicht gerecht, es ist der Zins für langfristige risikofreie Anlagen zu wählen.

Da die KLR i. d. R. monatlich durchgeführt wird, ist der monatliche und nicht der jährliche Zins zu ermitteln (siehe Aufgabenstellung).

Aufgabe 3.6:

b)   Verrechnungssatz Reparaturstelle: DM 20/Std.

       Verrechnungssatz Fuhrpark: DM 0,51/km.

Bei der Ermittlung des Verrechnungssatzes für den Fuhrpark sind lediglich die an andere Kostenstellen erbrachten 900.000 km zu berücksichtigen.

Aufgabe 3.7:

a)   Die GK betragen: DM 105.000 / DM 1.645.000 / DM 475.000.

Die Abschreibungen und Zinsen sind als Monatswerte zu verrechnen.

b)   Die Zuschlagssätze belaufen sich auf 7% / 94% / 9,5%.

Zur Ermittlung des Zuschlagssatzes für den zusammengefaßten Verwaltungs- und Vertriebsbereich sind zunächst die Herstellkosten zu bestimmen. Diese belaufen sich auf DM 5.000.000.

Aufgabe 4.5:

Die Zuschlagssätze betragen 11,35% / 7,25% / 3,96%.

Die variablen Herstellkosten setzen sich aus den Materialeinzelkosten und den Fertigungseinzelkosten, sowie den variablen

Material- und Fertigungsgemeinkosten zusammen. Sie belaufen sich auf DM 651.700.

Aufgabe 4.7:

b)   Das voraussichtliche Betriebsergebnis 1998 liegt bei DM 64.800.

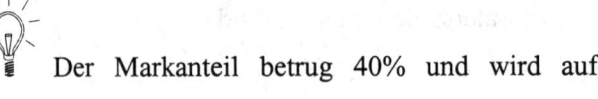 Der Markanteil betrug 40% und wird aufgrund der 20%igen Reduzierung bei 32% liegen.

Der Markt zeigte in der Vergangenheit ein durchschnittliches Wachstum von ca. 10%.

c)   Vorschlag 1: Betriebsergebnis = DM 325.000.

Bei jedem Vorschlag ist der Engpaß zu suchen. Dieser liegt entweder in der Absatzrestriktion oder in der Fertigungskapazität.

Aufgabe 4.8:

Das Betriebsergebnis des optimalen Programms beträgt DM 205.000.

Zunächst ist der Rohstoffverbrauch zur Herstellung der erforderlichen Mindestproduktionsmengen der drei Produkte zu bestimmen.

Musterlösungen zu den Übungsaufgaben

Aufgabe 2.1:

Fall:	a)	b)	c)	d)	e)
Einzahlung	DM 500.000	DM 10.000	-	-	-
Einnahme	-	DM 10.000	-	-	-
Ertrag	-	DM 10.000	-	-	-
Leistung	-	-	-	-	-
Auszahlung	-	-	DM 500	-	-
Ausgabe	-	-	DM 500	DM 80.000	-
Aufwand	-	-	DM 500	-	-
Kosten	-	-	-	-	-

Aufgabe 2.2:

Nach dem wertmäßigen Kostenbegriff sind Kosten der bewertete Verbrauch von Gütern und Dienstleistungen, der zur Erstellung und zum Absatz der betrieblichen Leistung sowie zur Aufrechterhaltung der Betriebsbereitschaft in einer Periode erforderlich ist. Der pagatorische Kostenbegriff stellt auf Auszahlungen ab, welche durch den Verbrauch von Gütern und Dienstleistungen ausgelöst werden, er fokussiert die Betrachtung auf Zahlungsvorgänge: Kosten sind die mit Herstellung und Absatz einer Erzeugniseinheit bzw. einer Periode verbundenen, nicht kompensierten Ausgaben. Kalkulatorische Kosten sind im ersten Kostenbegriff enthalten, im zweiten nicht.

Aufgabe 2.3:

a) Aufwendungen: Spende; Erträge: Miet- oder Zinserträge eines Händlers.
b) Aufwendungen: Verkauf einer Maschine unter Buchwert; Erträge: Zahlungseingänge auf bereits abgeschriebene Forderungen.

Aufgabe 2.4:

Opportunitätskosten sind bei dieser Aussage nicht berücksichtigt worden. Es könnte z. B. sein, daß einige Studenten im Anschluß an die Vorlesung einer erwerbsmäßigen Tätigkeit nachgehen. Würden sie das Angebot annehmen, so entstünden Opportunitätskosten in Höhe ihres Einkommensverzichts.

Aufgabe 2.5:

Selbstgeschaffene Patente (werden nicht als Ertrag erfasst, da dem ein Aktivierungsverbot entgegensteht).

Aufgabe 2.6:

Externes Rechnungswesen	Internes Rechnungswesen
Adressaten sind Unternehmensexterne	Adressaten sind Unternehmensinterne.
Zielsetzung ist die vergangenheitsorientierte Dokumentation und Rechenschaftslegung.	Zielsetzung ist die Planung, Steuerung und Kontrolle des Betriebsgeschehens.
Handels- uns steuerrechtliche Regelungen sind zu beachten.	I. d. R. existieren keine gesetzlichen Vorschriften ob und in welcher Form eine interne Rechnung betrieben wird.
Erfassungsobjekt ist das gesamte Unternehmen.	Erfassungsobjekt ist der einzelne Unternehmensbereich/Betrieb.
Der Erfassungszeitraum beträgt i. d. R. ein Jahr.	Der Erfassungszeitraum ist abhängig vom jeweiligen Rechnungszweck, z. B. unterjährig in der KLR, mehrjährig in der Investitionsrechnung.
Rechnungselemente sind Aufwendungen und Erträge (handelsrechtlich).	Rechnungselemente sind abhängig vom jeweiligen Rechnungszweck, z. B. Kosten und Leistungen in der KLR, Ein- und Auszahlungen in der Finanzplanung.

Aufgabe 2.7:

a) Sprungfixe Kosten sind innerhalb eines Kapazitätsintervalls unabhängig von der Beschäftigung.

b) Leerkosten sind Teil der Fixkosten, der Anteil der Nicht-Auslastung in einem Kapazitätsintervall bestimmt ihren Anteil an den Fixkosten.

c) Als Kostenstellengemeinkosten bezeichnet man jene Gemeinkosten, die nicht direkt einer bestimmten Kostenstelle zurechenbar sind.

d) Sondereinzelkosten des Vertriebs sind zwar nicht einem Produkt, jedoch dem gesamten Auftrag direkt zurechenbar.

e) Relative Einzelkosten sind auf einem bestimmten Niveau Gemeinkosten und auf dem nächsthöheren Einzelkosten.

f) Normalkosten sind die durchschnittlichen Istkosten einer bestimmten Anzahl vergangener Perioden.

g) Irrelevante Kosten sind in einer bestimmten Entscheidungssituation jene Kosten, die unabhängig der getroffenen Entscheidung anfallen werden.

h) Sekundäre Kosten entstehen in einer Kostenstelle durch die Inanspruchnahme innerbetrieblicher Leistungen.

Aufgabe 2.8:

Das Verursachungsprinzip besagt, daß jedes Kalkulationsobjekt jene Kosten zu tragen hat, die es auch verursacht hat. Die gesamten Gemeinkosten werden nach dem Durchschnittsprinzip durch die Anzahl der Kalkulationsobjekte dividiert, das Resultat wird dann den Objekten angelastet. Werden Gemeinkosten nach dem Ausmaß der möglichen Belastbarkeit den Kalkulationsobjekten angelastet, so handelt es sich hierbei um die Anwendung des Tragfähigkeitsprinzips.

Aufgabe 2.9:

Der Unterschied liegt nicht in der Erfassung, sondern der Verrechnung auf das Kalkulationsobjekt. Nicht ein beliebiger Kostenteil, sondern die nicht direkt zurechenbaren Kosten bleiben bei der Teilkostenrechnung zunächst außer Ansatz.

Aufgabe 3.1:

a) Inventurmethode:

Anfangsbestand + Zugang - Endbestand = Verbrauch,

6.000 Stück + 8.600 Stück - 2.400 Stück = 12.200 Stück.

Fortschreibungsmethode:

Gesamte Entnahmen = Verbrauch,

3.000 Stück ı 3.400 Stück ı 4.800 Stück = 11.200 Stück.

b) Von der Differenz in Höhe von 1.000 Stück entfallen auf den bekannten Schwund 300 Stück, so daß ein außergewöhnlicher Verbrauch von 700 Stück zu klären ist. Mögliche Gründe hierfür sind Diebstahl oder sonstiger Schwund.

Aufgabe 3.2:

a) Der periodische Durchschnittswert beträgt DM 26,50.

   Da 1.400 Stück verbraucht wurden, ist der Verbrauch mit DM 37.100 zu bewerten und der Endbestand mit DM 5.300.

b) Nach dem Fifo-Prinzip resultiert der Endbestand von 200 Stück aus den zuletzt eingetroffenen 400 Stück. Der Endbestand ist mit DM 5.600, der Verbrauch mit DM 36.800 (200 * DM 24 + 200 * DM 25 + ... + 200 * DM 28) zu bewerten.

c) Nach dem Lifo-Verfahren stellt der Endbestand von 200 Stück den Anfangsbestand dar, er ist mit DM 4.800 zu bewerten. Der wertmäßige Verbrauch beläuft sich auf DM 37.600 (400 * DM 28 + 600 * DM 27 + ... + 200 * DM 25).

d) Da kontinuierlich ansteigende Beschaffungspreise vorliegen, entspricht die Bewertung nach dem Hifo-Verfahren der nach dem Lifo-Verfahren. Der Endbestand ist mit DM 4.800, der Verbrauch mit DM 37.600 zu bewerten.

Aufgabe 3.3:

1. Die Anschaffungskosten zum Zeitpunkt der Ersatzbeschaffung sind nicht zu niedrig angesetzt und stellen den kalkulatorischen Ausgangswert zur Bemessung der Abschreibung dar.

2. Der Markt akzeptiert den Verkaufspreis und vergütet damit die im Preis enthaltenen Abschreibungsgegenwerte.

Aufgabe 3.4:

a) lineare Abschreibung

1. Jahr: DM 102.000

2. Jahr: DM 102.000

3. Jahr: DM 102.000

4. Jahr: DM 102.000

5. Jahr: DM 102.000

b) geometrisch-degressive Abschreibung (p = 43,9%)

1. Jahr: DM 237.060,00 (Restwert: DM 302.940,00)

2. Jahr: DM 132.990,66 (Restwert: DM 169.949,34)

3. Jahr: DM 74.607,76 (Restwert: DM 95.341,58)

4. Jahr: DM 41.854,95 (Restwert: DM 53.486,63)

5. Jahr: DM 23.480,63 (Restwert: DM 30.006,00)

c) arithmetisch-degressive Abschreibung (d = DM 34.000)

1. Jahr: DM 170.000

2. Jahr: DM 136.000

3. Jahr: DM 102.000

4. Jahr: DM 68.000

5. Jahr: DM 34.000

d) leistungsabhängige Abschreibung (l = DM 0,50/km)

1. Jahr: DM 50.000

2. Jahr: DM 80.000

3. Jahr: DM 110.000

4. Jahr: DM 120.000

5. Jahr: DM 150.000

Aufgabe 3.5:

Betriebsnotwendiges Anlagevermögen:	DM	800.000
+ Betriebsnotwendiges Umlaufvermögen:	DM	550.000
- Abzugskapital:	DM	150.000
= betriebsnotwendiges Kapital:	DM	1.200.000

Kalkulatorische Zinsen/Jahr: DM 1.200.000 * 0,07 = DM 84.000,

Kalkulatorische Zinsen/Monat = DM 7.000.

Aufgabe 3.6:

a) Nach dem Gleichungsverfahren

b) Beim Stufenleiterverfahren sollte jene Hilfskostenstelle zuerst abgerechnet werden, die möglichst wenig Leistungen von anderen Kostenstellen empfängt. Die Reparaturstelle gibt 80% ihrer Leistung an den Fuhrpark ab, empfängt jedoch von diesem nur 10% seiner Leistung, sie sollte daher zuerst abgerechnet werden.

Verrechnungssätze:

$$\text{Reparaturstelle:} \quad \frac{\text{DM } 200.000}{10.000 \text{ Std.}} = \text{DM } 20/\text{Std.}$$

$$\text{Fuhrpark:} \quad \frac{\begin{array}{l}\text{DM 300.000 (prim. Gemeinkosten)}\\ \underline{+\text{ DM 160.000 (sek. Gemeinkosten)}}\end{array}}{900.000 \text{ km}} = \text{DM } 0,51/\text{km.}$$

c) Verrechnungssatz der Reparaturstelle/des Fuhrparks = p_1/p_2.

<u>Grundgleichungen:</u>

$$10.000 * p_1 \quad = \quad \text{DM } 200.000 + 100.000 * p_2$$
$$1.000.000 * p_2 \quad = \quad \text{DM } 300.000 + \quad 8.000 * p_1$$

<u>Umstellung (gleiche Variablen untereinander):</u>

$$100.000 \, p_2 \quad = \quad - 200.000 + 10.000 \, p_1$$
$$1.000.000 \, p_2 \quad = \quad 300.000 + \quad 8.000 \, p_1$$

<u>Multiplikation der ersten Gleichung mit - 10 ...:</u>

$$- 1.000.000 \, p_2 \quad = \quad 2.000.000 - 100.000 \, p_1$$
$$1.000.000 \, p_2 \quad = \quad 300.000 + \quad 8.000 \, p_1$$

... damit ein anschließendes Addieren der Gleichungen <u>zum Entfall von p_2 führt:</u>

$$\begin{array}{lcl}- 1.000.000 \, p_2 & = & 2.000.000 - 100.000 \, p_1 \\ \underline{1.000.000 \, p_2} & = & \underline{300.000 + \quad 8.000 \, p_1} \\ 0 & = & 2.300.000 - \quad 92.000 \, p_1\end{array}$$

<u>Auflösung nach p_1:</u>

p_1 = DM 25 = Verrechnungssatz der Reparaturstelle.
Einsetzen von p_1 in eine der Grundgleichungen.

<u>und Auflösung nach p_2:</u>

p_2 = DM 0,50 = Verrechnungssatz des Fuhrparks.

Aufgabe 3.7:

a)

Kostenart	Summe	Material-kostenstelle	Fertigungs-kostenstelle	Verwaltung und Vertrieb
BAB für den Monat Juni (alle Angaben in DM)				
Lohngemeinkosten	760.000	30.000	430.000	300.000
Versicherungs-beiträge	25.000	10.000	10.000	5.000
IHK-Beiträge	10.000	0	0	10.000
Kalkulatorische Abschreibungen	840.000	0	798.000	42.000
Kalkulatorische Zinsen	360.000	36.000	306.000	18.000
Fremdleistungen	60.000	5.000	35.000	20.000
Kalkulatorische Mieten	120.000	24.000	66.000	30.000
Kalkulatorische Wagnisse	50.000	0	0	50.000
Summe	**2.225.000**	**105.000**	**1.645.000**	**475.000**

b) Die Zuschlagsätze im Material- und Fertigungsbereich ergeben sich durch die Division der dort zugeordneten Gemeinkosten durch die Einzelkosten dieser Stellen.

$$\text{Zuschlagssatz Materialstelle:} \quad \frac{MGK}{MEK} = 7,0\%$$

$$\text{Zuschlagssatz Fertigungsstelle:} \quad \frac{FGK}{FEK} = 94,0\%$$

$$\text{Zuschlagssatz Verwaltung/Vertrieb:} \quad \frac{VwGK + VtGK}{HK} = 9,5\%$$

$(HK = MGK + MEK + FGK + FEK = DM\ 5.000.000)$

c)

MEK:	DM 100.000,00	
MGK:	DM 7.000,00	(7%)
FEK:	DM 20.000,00	
FGK:	DM 18.800,00	(94%)
HK:	DM 145.800,00	
VwGK + VtGK:	DM 13.851,00	(9,5%)
SK:	DM 159.651,00	
Gewinn:	DM 15.965,10	(10%)
Angebotspreis:	DM 175.616,10	

Aufgabe 3.8:

a) Selbstkosten/Stück = DM 335.000/5.000 + DM 25.000/4.000 = DM 73,25.

b) Selbstkosten/Stück = DM 320.000/5.000 + DM 40.000/4.000 = DM 74,00.

c) Selbstkosten/Stück = DM 300.000/5.000 + DM 60.000/4.000 = DM 75,00.

Aufgabe 3.9:

1. Stufe: DM 21.600/5.400 kg = DM 4/kg;

2. Stufe: (DM 25.000 + 400 * DM 4)/5.000 kg = DM 5,32/kg;

3. Stufe: DM 35.000/3.750 kg = DM 9,33.

Herstellkosten für den Lageraufbau:

DM 4/kg + DM 5,32/kg = DM 9,32/kg, d. h. DM 11.650 für den Lageraufbau von 1.250 kg.

Herstellkosten für das Fertigerzeugnis:

DM 4 + DM 5,32 + DM 9,33 = DM 18,65.

Aufgabe 3.10:

Sorte	Produktionsmengen	ÄZ	Einheitsmengen
Export	400.000 Flaschen	0,6	240.000
Pils	200.000 Flaschen	0,9	180.000
Weizen	280.000 Flaschen	1,0	280.000
Alt	120.000 Flaschen	1,5	180.000
Summe der Rechnungseinheiten:			880.000

Herstellkosten/Flasche Weizen: DM 352.000/880.000 = DM 0,40;

Herstellkosten/Flasche Export: DM 0,40 * 0,6 = DM 0,24;

Herstellkosten/Flasche Pils: DM 0,40 * 0,9 = DM 0,36;

Herstellkosten/Flasche Alt: DM 0,40 * 1,5 = DM 0,60.

Aufgabe 3.11:

a) HK/Periode   = 80 * DM 6.500 + 120 * 6.000 + 50 * 8.000
$$= DM\ 1.640.000.$$

VwGK und

VtGK/Periode = 150 * DM 1.500 + 90 * DM 3.000 + 75 * DM 4.000
$$= DM\ 795.000.$$

Gesamtkosten/

Periode   = DM 2.435.000.

b)

	Erlöse Gwk:	DM 1.125.000
	Erlöse Kd:	+ DM 1.080.000
	Erlöse KdR:	+ DM 1.500.000
-	Bestandsveränderung Gwk:	- DM 455.000
+	Bestandsveränderung Kd:	+ DM 180.000
-	Bestandsveränderung KdR:	- DM 200.000
-	Gesamtkosten:	- DM 2.435.000
	Betriebserfolg:	DM 795.000

c)

	Erlöse Gwk:	DM 1.125.000
	Erlöse Kd:	+ DM 1.080.000
	Erlöse KdR:	+ DM 1.500.000
-	Selbstkosten GwK:	- DM 1.200.000
-	Selbstkosten Kd:	- DM 810.000
-	Selbstkosten KdR:	- DM 900.000
	Betriebserfolg:	DM 795.000

d) Unter Vollkostengesichtspunkten erbringt das System Gwk zwar einen
negativen Ergebnisbeitrag, doch liegt dies unter Umständen an der vor-
genommenen Zurechnung von Gemeinkosten. Die erwartete Ergebnis-
steigerung nach der Eliminierung des Systems aus der Angebotspalette
bliebe somit ggf. aus.

Aufgabe 4.1:

Nach der Eliminierung des dritten Produkts kann der Gesamtgewinn des Unternehmens sinken, sofern das dritte Produkt einen positiven Deckungs- beitrag erbringt. Nur dann, wenn die gesamten variablen Kosten des Pro- dukts höher sind als der Umsatz, ist die Entscheidung richtig.

Aufgabe 4.2:

Teilkostenrechnungssysteme können nach der Art der Kostendifferen- zierung und der Behandlung der Restkosten unterschieden werden. Im Rahmen der einstufigen Deckungsbeitragsrechnung werden die Kosten in variable und fixe Kosten aufgelöst, letztere werden als ein Block in die Ergebnisrechnung aufgenommen. Die gleiche Kostendifferenzierung liegt der mehrstufigen Deckungsbeitragsrechnung zugrunde, allerdings werden hierbei die Fixkosten, geschichtet, nach dem Verursachungsprinzip, be- stimmten Bezugsobjekten frühestmöglich zugeordnet. Die relative Einzel- kostenrechnung unterscheidet Einzel- und Gemeinkosten. Auch hierbei erfolgt eine differenzierte Zuordnung der Kosten im Rahmen einer Bezugsgrößenhierarchie.

Aufgabe 4.3:

a) k_v = (280.000 - 200.000) / (19.000 - 5.000) = DM 5,7142857;
    K = DM 171.428,57 + DM 5,7142857 x.

b) Das Verfahren geht von einem in der Realität sicherlich nur selten vor- liegenden linearen Kostenverlauf aus. Zudem werden die Kosten- strukturen der Vergangenheit für die Zukunft fortgeschrieben und lediglich zwei Wertepaare berücksichtigt. Eine Variation von inter- vallfixen Kosten wird ignoriert. Das Verfahren kann damit nur einen vagen Hinweis über die künftige Kostenstruktur geben.

Aufgabe 4.4:

Grenzkosten stellen die Veränderung der Gesamtkosten bei Variation der Beschäftigung (als Kosteneinflußgröße) dar.

Als Kostenremanenz oder auch -resistenz wird der Sachverhalt bezeichnet, daß im Falle rückläufiger Beschäftigung bestimmte Kosten nicht in dem

Maße sinken, wie sie bei steigender Beschäftigung zunahmen. Die höheren Kosten werden als remanente Kosten bezeichnet.

Aufgabe 4.5:

Kostenstelle / Kostenarten	Gesamt-kosten	Allgemeine Hilfskosten-stelle		Material-kostenstelle		Fertigungs-kostenstelle		Verwaltungs-kostenstelle	
		K_f	K_v	K_f	K_v	K_f	K_v	K_f	K_v
Primäre Gemeinkosten	800	31	20	85	22	272	17	328	25
Umlage			↳	0,6	0,7	1,2	12	4,7	0,8
Primäre und sekundäre Gemeinkosten		31	-	85,6	22,7	273,2	29	332,7	25,8
Bezugsbasen: MEK FEK Variable Her-stellkosten				200			400		651,7
Proportionale Zuschlags-sätze (in %)					11,35		7,25		3,96

Aufgabe 4.6:

a) Vollkostenrechnung: vom Umsatz in Höhe von DM 1,944 Mio. werden die Selbstkosten des Umsatzes in Höhe von (1,62 Mio/13.500 * 10.800 + 540.000 =) DM 1,836 Mio. subtrahiert. Das Betriebsergebnis beläuft sich auf DM 108.000.

Teilkostenrechnung: vom Umsatz in Höhe von DM 1,944 Mio. werden die variablen Kosten der abgesetzten Einheiten (DM 432.000) und anschließend die gesamten Fixkosten in Höhe von (1,62 Mio/3 * 2 + 540.000 =) DM 1,62 Mio. subtrahiert. Das Betriebsergebnis beträgt - DM 108.000.

b) Der Ergebnisunterschied von DM 216.000 resultiert aus dem Sachverhalt, daß die Lagerleistung bei der Vollkostenrechnung zu vollen Herstellkosten (1,62 Mio/13.500 * 2.700 = DM 324.000), in der Teilkostenrechnung jedoch nur zu variablen Herstellkosten (540.000/ 13.500 * 2.700 = DM 108.000) bewertet wird.

Aufgabe 4.7:

a) Die kritische Menge für das Jahr 1997 resultiert aus der Division der Fixkosten durch den Deckungsbeitrag/Stück:

$$x_{krit} = \frac{2,43 \text{ Mio.}}{6.300} = 385,71 \text{ , d. h. 386 Stück.}$$

b) Der Marktanteil betrug 450/1125 = 40%. Der Markt wuchs in der Vergangenheit um durchschnittlich etwa 10% pro Jahr. Dies gibt berechtigten Anlaß dazu, ein 10%iges Wachstum des Marktes auch für das Jahr 1998 zu unterstellen. Damit würde die Gesamtmarktnachfrage bei etwa 1.238 Stück liegen. Wenn davon ausgegangen wird, daß der Marktanteil des Unternehmens um 20% zurückgeht, so würde er 1998 32% betragen. 32% von 1.238 Stück entspräche einem Absatz in 1998 von 396 Stück. Unter der Annahme konstanter Kostenstruktur resultiert hieraus ein Betriebsergebnis von DM 396 * 6.300 - 2,43 Mio. = DM 64.800.

c) Vorschlag 1:
Die Kapazität würde auf 375 Stück sinken; da 396 Stück abgesetzt werden könnten, geht mit diesem Vorschlag ein Absatzverzicht einher.
Betriebsergebnis = DB - K_f = 7.000 * 375 - 2,3 Mio. = DM 325.000.
Vorschlag 2:
Der Engpaß liegt nun im Absatzbereich.
Betriebsergebnis = 8.400 * 396 - 3 Mio. = DM 326.400.
Vorschlag 3:
Der Engpaß liegt im Absatzbereich.
Betriebsergebnis = 9.900 * 396 - 3,6 Mio. = DM 320.400.
Vorschlag 4:
Die weitere Reduzierung des Marktanteils führt zu einem voraussichtlichen Absatz von ca. 337 Stück.
Betriebsergebnis = 6.700 * 337 - 2,43 Mio. = - DM 172.100.
Vorschlag 5:
Die einmaligen Kosten müssten entsprechend dem Verursachungsprinzip mehreren kommenden Perioden angelastet werden, wovon hier

jedoch abgesehen wird. 40% Marktanteil entspricht einem Absatz von etwa 495 Stück.

Betriebsergebnis = 6.300 * 495 - 2,43 Mio - 320.000 = DM 368.500.

Aufgabe 4.8:

In einem ersten Schritt sind die Rohstoffverbrauchsmengen zur Herstellung der erforderlichen Mindestmengen zu bestimmen.

Produkt A: 9.000 Stück * 6,75 kg =   60.750 kg
Produkt B: 18.000 Stück * 4,50 kg =   81.000 kg
Produkt C: 36.000 Stück * 1,35 kg =   48.600 kg
Gesamtrohstoffverbrauch   =   190.350 kg
Verbleibende Rohstoffmenge   =   79.650 kg

Anschließend sind die spezifischen Deckungsbeiträge und das optimale Produktionsprogramm zu ermitteln.

Deckungsbeiträge/kg: A = 13,33/kg   B = 11,11/kg   C = 22,22/kg
Rang: 2   3   1

Zusätzliche Produktionsmenge C: 14.000 Stück * 1,35 kg   = 18.900 kg
Verbleibende Rohstoffmenge: = 60.750 kg
Zusätzliche Produktionsmenge A: 8.000 Stück * 6,75 kg   = 54.000 kg
Verbleibende Rohstoffmenge: = 6.750 kg
Zusätzliche Produktionsmenge B: 1.500 Stück * 4,50 kg   = 6.750 kg
Verbleibende Rohstoffmenge: =   0 kg
Das optimale Produktionsprogramm lautet: 50.000 Stück C,
                                              17.000 Stück A,
                                              19.500 Stück B.

Mit dem Programm geht ein Betriebserfolg von DM 205.000 einher.

Aufgabe 5.1:

a) Verbrauchs- und Beschäftigungsabweichung
b) Gesamtabweichung
c) Verbrauchsabweichung

Aufgabe 5.2:

In der Grenzplankostenrechnung erfolgt eine Aufspaltung in fixe und variable Kosten, wobei keine Fixkostenzurechnung auf die einzelne Leistungseinheit erfolgt.

Aufgabe 5.3:

Die Sollkosten belaufen sich auf (1 Mio + 2,25 Mio =) 3,25 Mio. Die verrechneten Plankosten betragen (4 Mio * 0,75 =) DM 3 Mio. Damit belaufen sich die Verbrauchsabweichung auf (3,75 Mio - 3,25 Mio =) DM 500.000 und die Beschäftigungsabweichung auf DM (3,25 Mio - 3 Mio =) DM 250.000.

Literaturverzeichnis

Coenenberg, A.: Kostenrechnung und Kostenanalyse, 3. Auflage, Landsberg/Lech 1997.

Hummel, S./Männel, W.: Kostenrechnung Bd. 1, 4. Auflage, Wiesbaden 1990.

Hummel, S./Männel, W.: Kostenrechnung Bd. 2, 3. Auflage, Wiesbaden 1983.

Jost, H.: Kosten- und Leistungsrechnung, 7. Auflage, Wiesbaden 1996.

Kilger, W.: Einführung in die Kostenrechnung, 3. Auflage, Wiesbaden 1987.

Kilger, W.: Flexible Plankostenrechnung und Deckungsbeitragsrechnung, 9. Auflage, Wiesbaden 1988.

Schweitzer, M./Küpper, H.-U.: Systeme der Kosten- und Erlösrechnung, 6. Auflage, München 1995.

Steger, J.: Kosten- und Leistungsrechnung, München, Wien 1996.

Stichwortverzeichnis